宮崎の大人も子どもも知っておきたい

宮崎県の生みの親

父・川越 進 と 母・有吉忠一

イントロデュース宮崎
緒方和夫

はじめに

　「県」とは何でしょう。現在の地方自治法の県は、市町村を包括する広域の地方公共団体です。この現・近代の県は、明治維新が出発点でした。これまでの江戸時代の幕藩体制を解体して、新たな行政体である、府県が徐々にでき始めたのです。

　宮崎県域（日向国）にできた最初の県は、富高県でした。宮崎県域を網羅したのではなく、宮崎県域の幕府直轄地の天領でした。明治政府は全国においてできるところから政治体制を整えていったと考えられます。その後、旧藩も県に変えていきました。

　宮崎県域においては、富高県は４か月で消滅し、廃藩置県後、延岡・高鍋・佐土原・飫肥・鹿児島・人吉の６県、次に、美々津県と都城県の二つの県ができ、次々と県の変化がありました。その次に最初の宮崎県が誕生し、ここに初めて宮崎県という言葉が使われたのです。

　しかしその３年半後には鹿児島県に併合され、宮崎県は消滅しました。この時代に活躍したのが川越進です。そして川越たちのねばり強い分県運動の結果、消滅から約７年後に宮崎県が再設置されるのです。ここから宮崎県の歴史が積み重ねられていき、今日の宮崎県で出来上がることになります。

　過日、松井農業用水路の調査をした際、その開設者・松井五郎兵衛の功績を顕彰するよう明治政府に進言し、実現したのが川越進であることを知りました。川越進の銅像が、県庁中庭にあることは気づいていましたが、これまで特段に気に留めることはありませんでした。

川越進について、資料等を読み調査を始めました。川越進は江戸時代末期に、清武郷に下級武士の子として生まれました。時代は江戸末期の動乱の時代で、西南戦争等の様々な経験をしたのち、最初の宮崎県が鹿児島県に併合された後の鹿児島県（議）会議員、議長となり、宮崎県の鹿児島県からの分離独立（分県）の運動を始めました。様々な困難を乗り越え同志たちをリードして、宮崎県の独立（再設置）を果たしました。

　はからずも今年が、川越たちが実現した分県から140年目になり、川越が宮崎県の父と呼ばれていることも、偶然知りました。この偶然に驚き、調査にも力が入りました。

　調査の過程で宮崎県の母と呼ばれている知事がいることも知ることになりました。明治末期から大正の初めにかけての知事有吉忠一です。正確には「宮崎県の慈母」と呼ばれたのです。

　この本においては、前著『宮崎の農業の恩人』と同じく、難しい用語の資料等をなるべく、わかりやすく現代かなづかいにして、小学校の高学年からでも理解できる文章にしようと努めました。

　なお、この本の調査・執筆にあっては、さまざまな行政機関・団体や個人の方々のご協力をいただきました。まことにありがとうございました。この図書の発行は、さまざまな方々のご協力によって実現しました。

　また、鉱脈社社長様をはじめ小崎美和様ほか、スタッフの方々のご助言、ご協力に感謝します。

　令和5年8月吉日

目 次

前　編

宮崎の分県の立役者
宮崎県の父　川越　進

第1章　維新の曲折を経て宮崎県誕生

1．明治維新と日向国

明治新政府の誕生

　慶応3年10月14日（1867年1月9日）、徳川幕府15代将軍・徳川慶喜（よしのぶ）が、二条城で、幕府が持っていた政権を朝廷（明治天皇）に返還し（大政奉還（たいせいほうかん））、同年12月9日（1868年1月3日）、京都御所（ごしょ）の御学問所にて明治天皇より天皇の命令の勅令（王政復古の大号令）が発せられ、徳川幕府に代わり天皇が自ら国の統治を行う天皇親政（しんせい）をかかげる明治政府が誕生しました。

　明治政府は、旧幕府勢力と争った戊辰（ぼしん）戦争に勝利し、幕藩体制からの脱却を目指して様々な改革を実施していきました。

戊辰戦争（ぼしんせんそう）

　明治元年（1868）1月、大政奉還後の徳川慶喜への処遇に不満を持つ旧幕府軍が新政府軍と京都で衝突しました。「鳥羽（とば）・伏見（ふしみ）の戦い」に始まり、旧幕府軍の最高指揮官・徳川慶喜が大阪城を抜け、軍艦で江戸に向かったことで旧幕府軍は総崩れとなり、戦いは終わりました。しかしその後、関東や東北、北海道と戦争の舞台は広がり、戊辰戦争は1年半におよびました。

太陰暦（たいいんれき）（旧暦）と太陽暦（たいようれき）（新暦）

　太陰暦とは、月の満ち欠けの周期を基準につくられた暦の数え方です。太陽暦は「地球が太陽の周りを1周まわる時間が基準」であるのに対し、太陰暦は「月の満ち欠けの周期が基準」です。

　明治5年（1872）12月3日、太陰暦を廃し、太陽暦を採用することの詔書（しょうしょ）が発せられ、政官布告第337号により公布されました。1年を365日とし、それを12月に分け、4年ごとに閏年（うるう）をおくこと、1日を24時間とすること、旧暦の明治5年12月3日を新暦の明治6年1月1日とすることが定められました。

　太陰暦は太陽暦より一月（ひとつき）で数日少ないため、約3年に一度、年13か月とし、こ

の月を閏月といいました。

　したがって、この時代の古文書等は、明治5年のこの日を基準に、以前を太陰暦、以降を太陽暦で記述してあると考えられます。一般に太陽暦は新暦と呼ばれ、太陰暦は旧暦と呼ばれます。新暦は旧暦の約1か月後になります。歴史学研究会の「日本歴史年表第5版」によると、「この本では、西暦を基準としたが、明治5年 (1872) 12月3日の改暦より以前は、日本史の事項については陰暦の年月日を使用しています」との説明があります。

富高県の成立

　明治元年 (1868) 閏4月25日、九州では日田県、天草県とともに富高県が置かれました (旧暦ではひと月多い年があり、閏月としました)。

　これは、明治政府が同月21日に発した統治体制を示した文書の中で、地方行政区画を府・県・藩に分けて府県に知事を置き、藩については当分の間そのままにするという府県藩3治制の方針を示したからです。

　府県は旧幕府直轄地、皇室領、社寺領、旧幕府側の諸藩から引き取った領地に置かれ、主要地は府 (江戸、京都、大阪、奈良、長崎など9府)、その他の領地は県 (22県) となりました。旧幕府領の富高県はその一つです。

　幕藩体制下の江戸時代、今の宮崎県域には、延岡藩、高鍋藩、佐土原藩、飫肥藩の他に鹿児島藩私領 (都城島津家)、人吉領 (椎葉、米良) と分かれており、さらに藩領の中には天領と呼ばれるたくさんの幕府直轄地がありました。これらの幕府直轄地は、日田 (大分県) に置かれた幕府の日田代官所の支配下にあり、富高 (日向市) にあった陣屋 (役所) の役人によって治められていました。明治元年の体制では、宮崎県域内の幕府直轄地 (天領) のうち、臼杵郡5村、児湯郡10村、諸県郡4村、那珂郡8村、宮崎郡2村の計29村が富高県に編入され、美々津町、上別府村、落子村、田原村、丸山村、幸脇村は日田県の管轄でした。もちろん、これらの幕府直轄地以外の藩はそのままつづいていました。

　富高県がおかれた日に知県事として木村貞通 (得太郎) が任命されました。木村は肥後 (現在の熊本県) 生まれで、京都で明治政府の役務をしていました。しかし8月には富高県は廃止されているので、わずかな期間の任務でした。

日向市の幸福神社 (左) にある
「富高陣屋」 跡の標識 (右)
(いずれも日向市観光協会ホーム
　　ページより)

富高陣屋

　富高県の県庁には、旧幕府の役所であった富高陣屋が当てられました。

　富高陣屋跡は、富高陣屋の鎮守稲荷社と称していましたが、現在は「幸福神社」と呼び、富高陣屋跡の碑が立っています。場所は、現在の日向市の中心部、市役所の近くです。

富高県の廃止・日田県合併と管轄替え

　明治元年 (1868) 8月17日、富高県は日田県 (現在の大分県には日田市があります) に合併されました。富高県はわずか4か月しか存在しなかったのです。日田県の知県事は鹿児島県出身の松方正義で (同年12月に野村盛秀に代わる)、日向国内の日田県の管轄は細島町を含む旧幕府領13村、旧富高県29村、椎葉山84村でした。日田県は県庁の所在地が日田郡にあり、いわゆる飛び地支配を行うことになったのです。

　日田県と同じように藩政期以来の飛び地支配を継続していたのが延岡藩です。延岡藩は豊後国 (現在の大分県) に、国東郡、速見郡、大分郡の計83村を管轄していました。日田県と延岡藩は明治政府に次のような意見を提出しました。

　日田県の支庁が置かれている富高新町が本庁から約300キロメートル離れ政治的な支配が行き届いていません。延岡藩の豊後千歳支所も同じ状況で、国東郡は200キロメートル近く離れているので、すべての事務が遅れ行き届かない

ことから、お互いに本庁近くに支配地がまとまる方法として<ruby>替地<rt>かえち</rt></ruby>について提案します。

　替地する上での問題は、双方の土地の評価でした。<ruby>石高<rt>こくだか</rt></ruby>では富高（日田県）が、収穫高では千歳（延岡藩領）が多く、双方検討して合意点を見出し、民部省（明治政府の省の一つ）に土地の交換を申し出ました。

　日田県と延岡藩は、お互いの飛地を交換することにより行政上の不便を解消するという協議をしました。これは日田県から持ちかけた話でした。延岡藩としては替地になった村々が増税になり民心の動揺が生じることを<ruby>懸念<rt>けねん</rt></ruby>しながらも、替地に賛成したのです。

　この申し出は翌明治4年（1871）2月に実現しました。<ruby>太政官<rt>だじょうかん</rt></ruby>（明治前期の最高官庁、明治18年内閣の設置で廃止）からの通知により国東郡、速見郡、大分郡に延岡藩が持っていた83村と日田県領が替地となり、椎葉山を除く43村が延岡藩領となったのです。臼杵郡は8村（塩見村、富高村、日知屋村、財光寺村、平岩村、細島町、坪谷村、下三ケ村）が管轄替えされました。

明治初期の宗教政策

　「正法寺（現在、日向市塩見にあります）年中日誌」という資料から、明治初年の宗教政策を知ることができます。明治元年3月15日（太陽暦では4月7日）に太政官から全国に出された掲示は、日向には「薩州御役人」すなわち鹿児島藩からもたらされ、高札により明治新政府の禁制を伝えました。<ruby>徒党<rt>ととう</rt></ruby>や<ruby>強訴<rt>ごうそ</rt></ruby>の禁止、キリスト教の禁止などを示し、「王政御一新」を広く伝えた高札の内容は人々に伝わり、その後展開された<ruby>神仏分離令<rt>しんぶつぶんりれい</rt></ruby>（明治初頭に神道と仏教という日本に根付いた宗教を分離する目的で出されたお<ruby>布令<rt>ふれ</rt></ruby>の総称）と<ruby>廃仏毀釈<rt>はいぶつきしゃく</rt></ruby>（仏教を廃すること）につな

がっていきました。

　明治２年（1869）正法寺の宗慶（そうけい）は、日田県富高役所の官員が廃寺、廃仏を言いふらしていること、延岡藩領や鹿児島藩領と同じように日向の末寺も廃寺となる恐れがあるとして、門徒が動揺しないように本山から僧を遣（つか）わして人心を鎮めるよう求めています。廃仏毀釈の動きは続いていたようで、一門末寺で人々を説諭（せつゆ）（説明して諭（さと）す）するよう本願寺から書状が届いています。

　廃仏毀釈の結果、鹿児島藩領がすべて廃寺、佐土原藩領は真言宗黒貫寺が300石から50石に減高、菩提寺（ぼだいじ）２か所は100石が20石に減高となりました。日田県の富高役所が４月17日までに、役人ともども本庄（現在も国富町にある地名）に移りました。当時日向の寺院は平岩村の幸福寺、中野寺、財光寺村の常善寺、日知屋村の本健寺、本善寺、観音寺、妙国寺、富高村の正念寺、塩見村の水月寺、正法寺、光厳寺がありましたが、いずれも廃寺になっていません。

２．延岡県等６県から、美々津・都城２県体制を経て宮崎県へ

版籍奉還（はんせきほうかん）と廃藩置県（はいはんちけん）による延岡県等６県

　明治初期、幕藩体制のうち幕府はすでに倒れ、残る藩をどう処理するかは大きな課題でした。前代を象徴する藩制度の解体は、一義的には明治２年（1869）の版籍奉還と同４年の廃藩置県に求められます。

　明治２年（1869）６月17日に版籍奉還は実施されました。

　明治政府は、明治４年（1871）７月14日に在京の知藩事（旧藩主）を皇居に集め、廃藩置県を命じました。藩は県となり知藩事は失職して、東京に移住させらたのです。各県には知藩事に代わって新たに中央政府から県令（参事）が派遣されることになりました。当初は藩をそのまま県に置き換えたため、現在の都道府県よりも細かく分かれ、３府306県となりました。

　現在の宮崎県域は、延岡県（臼杵郡65村、宮崎郡25村）、高鍋県（那珂郡18村、児湯郡13村、臼杵郡１村、諸県郡７村）、佐土原県（那珂郡11村、児湯郡15村）、飫肥県（那珂郡44村、宮﨑郡４村）、鹿児島県（諸県郡128村）、人吉県（米良山、椎葉山）の６県に分けられました。

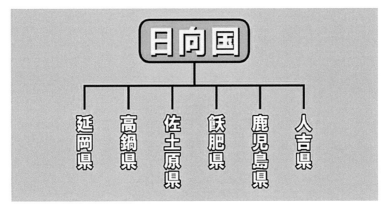

廃藩置県で日向国には6県が置かれた
（映像提供：UMKテレビ宮崎「ひむかの群像」）

　上の図が、明治4年（1871）廃藩置県により、日向国で新たに設置された6県です。それぞれ旧藩（延岡藩、高鍋藩、佐土原藩、飫肥藩、鹿児島藩、人吉藩）を所管としました。

美々津県と都城県

　廃藩置県後に、県の整理、統廃合がなされ、日向国では明治4年11月14日に美々津県と都城県が誕生しました。大淀川を境として北部は美々津県、南部は都城県となりました。都城県には、現在の鹿児島県域の大隅地方一帯も含まれていました。

　美々津県の参事（明治の官職名で県のトップの行政官）は、はじめは橋口兼三でしたが、その後、福山健偉に代わりました。福山は後の宮崎県の最初の参事になります。同年の調査によりますと、管内戸数約4万戸、人口約20万人でした。

　都城県の参事は桂久武でした。戸数は約6万8千戸、人口約31万人で、両県の

美々津県と都城県
（都城県には大隅国〈鹿児島県大隅半島〉
も含まれていた）

日向市美々津支所にある
美々津県庁跡記念碑
（平成元年に建立される）

都城市役所に設置されている
都城県庁跡記念碑
（映像提供：UMKテレビ宮崎
「ひむかの群像」）

県庁所在地は美々津と都城でした。

　美々津県庁のほか高鍋、延岡、佐土原に出張所が置かれましたが、その後変更されています。

美々津・都城２県から宮崎県へ

　ところがその約１年２か月後の明治６年（1873）１月15日に、両県を廃止して宮崎県を設置するという政府の命令が出て、都城県は日向国の３郡を宮崎県に、大隅国（鹿児島県大隅半島）の分を鹿児島県に引き渡すこと、美々津県は全体を宮崎県に引き渡すように命ぜられました。

　ここに美々津、都城県は消滅し、最初の宮崎県が誕生したのです。最初の宮崎県については第２章以降で見ていきましょう。

3．古い伝承と歴史の美々津

古 い 伝 承

　美々津は耳川河口にある港町で、日向神話「神武東征神話お船出の地」として知られています。

　カムヤマトイワレヒコノミコト、後の初代・神武天皇は「ここは国を治めるには西によりすぎている。東方に青山をめぐらした美しい国があって、すでにニギハヤヒノミコトという者が国を開きつつあるいう。そこに行って、祭りごとをするのにふさわしい都をつくりましょう」と、日向から船出し、大和の地で新しい政治を始めました。日本書記にも描かれている「神武東征」です。日本国の基礎は、日向市美々津の港から始まったのです。

　お船出は、旧暦の８月２日の予定でしたが風の都合で船出が急に早められました。あわてた地元の人々はお祝いに用意していた材料を全部一緒について急ごしらえの団子を作り、天皇に差し上げました。そのときの「つきいれ団子」（お船出の団子）は今でも美々津の名物となっています。

　早朝のお見送りのため寝入っている各家の戸を叩き、「おきよ」「おきよ」（起きよ、起きよ）と人々を起こしてまわりました。この故事（昔からの言い伝え）にちなみ、美々津では毎年旧暦８月１日には「おきよ祭り」が行われています。

美々津灯台

お船出のとき、神武天皇が
腰かけたとされる石

立磐神社
（たていわ）

おきよ祭り
（日向市ホームページより）

港町の歴史

　美々津は古くから海の交易（こうえき）の拠点として歴史を刻み、町の背後にある遺跡からは、畿内（きない）、瀬戸内様式の弥生土器が出土しています。このことから美々津が相当古い時代から各地と交流があったことを裏付けています。

　美々津が、港町として成立するのは江戸時代初期の元禄（げんろく）のころからで、当時は高鍋藩に所属して、藩主秋月氏の支配下で重要な港町となっていました。港近くには津口番所や藩倉が建てられ、対岸の幸脇地区や上流の余瀬（よせ）地区（この地区で神武天皇が軍船を組み立てたという伝説があります）にも番所が置かれ、城下から代官や蔵役、番人などが派遣されていました。

美々津の街並み

　美々津を経済面から支えていたのは、千石船を所有する廻船業者たちで、彼らは、備後屋、明石屋、播磨屋、泉屋などといった瀬戸内や近畿地名を屋号とし、耳川上流で生産された材木や木炭などを大阪方面に出荷していました。その帰路、関西方面の特産品や美術工芸品を持ち帰ることが多く、日向との文化交流の担い手としての一面も有し、美々津は江戸時代、日向市細島と並んで宮崎の玄関口の役割を果たしていました。

　彼ら廻船業者の活躍が、やがて明治から大正にかけて「美々津千軒」と言われたほどの繁栄をもたらすことになります。しかし、潮や風の影響を受けやすい帆船を使った古い航海方法に頼り切っていたことや、経営そのものが江戸時代の旧態から脱し切れていなかったこともあり、大正12年（1923）の国鉄日豊本線開通を契機に廻船業は衰退していくことになりました。

　主産業を失った美々津は、近郊の商業地域としての命脈は保ってきましたが、高度成長期における諸産業の飛躍などに伴い、現在では小さな港町となっています。

「日本海軍発祥の地」

　美々津は、神武天皇が東征の船出をされたことから、明治時代日本海軍の発祥の地とされています。紀元2600年記念事業の一環として記念碑が建立されました。碑文は、時の内閣総理大臣・海軍大将米内光正による文字です。

日本海軍の発祥記念碑

西南戦争の政府軍戦没者の遺跡

「日本海軍発祥之地」記念碑

　この碑は、太平洋戦争の終戦後進駐米軍によって破壊されましたが、昭和44年（1969）に地元の要望により、防衛庁（海上自衛隊）などの協力によって、復元されたものです。そのほか美々津には、各種の遺跡等があります。

第2章　宮崎県の成立と近代化への歩み

1．宮崎県の誕生と福山健偉参事

最初の宮崎県

　明治6年（1873）1月15日、美々津県と都城県が廃止されて、最初の宮崎県が誕生しました。その行政区画は、臼杵郡73村、児湯郡52村、宮崎郡31村、那珂郡80村、諸県郡140村、合計376村、その外46町がありました。その県域は、現在の県域に比べると、かつての南諸県郡一帯の、現在の曽於市や志布志市も含まれていました。

　戸数は8万9000戸、人口38万人、石高41万8000石、県庁職員1万人、小学校5、郷校（江戸時代から明治初年にかけて存在した学校〈教育機関〉の一種）45、女学校4、6港湾（島の浦、東海、細島、美々津、油津、外浦）、物産は紙、炭、茶、

明治6年成立時の宮崎県
（現在の県域〈点線〉に比べると、かつての南諸県郡一帯が入っていた）

しいたけ、麻、杉板、菜種、煙草などを産出しました。鉱山と鉱物は、永尾鉱山の金、土呂久鉱山の銀、鉛、日平・槙峰鉱山の銅がありました。

　明治6年2月26日、県内を都城支庁、飫肥支庁、延岡支庁の3支庁に分けました。しかしその後、この3支庁は必要性がなくなり、同年中に廃止されています。

　藩政時代から小藩が分立していた日向国は、廃藩置県以後もほぼ同じ状態が続いていましたが、初期宮崎県の成立によって初めて日向国一円が統一された一つの行政体として発足することになりました。

県庁の組織と福山健偉参事

県庁の組織は、庶務課、聴訟課、租税課、出納課の４課で発足しました。明治８年（1875）４月学務課が追加され、５課となって初期県政の組織機構が確立しました。職制は、参事、権参事等10の職制が置かれました（権とは副という意味です）。

政府は、旧美々津県参事の福山健偉を宮崎県参事に、また旧都城県権参事の上村行徹を権参事としましたが、両人とも鹿児島県士族出身でした。また全職員45名中、73.3パーセントが旧鹿児島藩出身者で占められていました。つまり、初期宮崎県の人事は、延岡・高鍋・佐土原・飫肥の旧４藩勢力を排除した上に、旧鹿児島藩の藩閥一色に塗られて出発したのです。

初期宮崎県の官吏は、政府の方針どおり他県出身者によって任命されていましたが、それは圧倒的に鹿児島出身者で占められていました。特に中級以上の官吏の地元任用は極端に少なく、旧４藩からの採用はほとんどが下級官吏でした。

２．新県庁舎の建設

福山参事と県庁舎建設問題

参事に就任した福山が、地方官僚としてまず着手したことは、県庁舎の建設でした。

福山は西洋建築の宮崎県庁舎を建築する許可を大蔵省に求めましたが、建築費が高額となるため認められず、着工自体もなかなか認められませんでした。そのため、福山は国の許可を得ないまま、明治６年（1873）１月11日、宮崎郡上別府村（現宮崎県庁所在地）で着工し、明治７年（1874）２月７日に落成させました。内務省は明治８年４月２日に庁舎建築を事後承認しましたが、同年５月、福山には罰金４円50銭の支払いが命ぜられました。

福山の処分は罰金だけで済み、身分はく奪・役職の降格もないまま、明治８年７月に権令に昇格しています。こうして県庁建設問題はようやく一件落着し

最初の県庁舎

県庁舎周りの
風景

(いずれも映像提供：UMKテレビ宮崎「ひむかの群像」)

　ましたが、それからわずか1年後の明治9年 (1876) 8月21日、宮崎県は鹿児島県に併合され、新県庁舎は鹿児島県の支庁舎となりました。

　初期宮崎県の拠点として建設された県庁舎でしたが、九州では城下町以外の地に県庁舎が造られたのは宮崎県のみでした。県政の中核の象徴として唐破風楼閣付き県庁舎を建立して、県民の意識を高めることに県庁舎造営の目的と役割を持たせたものでした。

上別府村という地

　県庁舎が設置された上別府村を中心とした宮崎地域は、旧延岡藩の飛び地を中心に旧飫肥藩・旧幕府領・旧佐土原藩領域が隣接していて、また当地域の宅地率はわずかに9.3パーセントで、ほとんどが田畑・山林原野でした。

　また県庁が設置された大淀川北岸地帯に分布する士族（武士の身分の人）の分布率は、わずかに4.6パーセントにしか過ぎず、平民（武士以外の人）の戸数が95.4パーセントを占めていました。士族分布率の高い城下町に県庁が設置された他の九州の各県とは異なる特徴をみることができます。

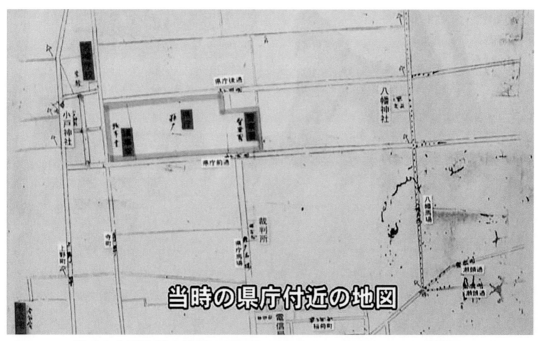

当時の上別府村の地図（映像提供：UMKテレビ宮崎「ひむかの群像」）

県庁建設の費用

　県庁の造営費用は、総額 2 万3546円でした。この総額の 3 分の 1 が国負担でしたが、残額の 3 分の 2 は地元負担でした。この費用の捻出（工夫してひねり出すこと）に県当局は苦慮しました。

　県庁舎のほかに、官舎も福山参事の専断（自分だけの考えで物事を取り決めること）で完成させ、本庁舎建設同様に既成事実の追認を受け、その費用全額である 1 万6420円が、政府の支出するところとなりました。さらに福山は、獄舎・懲役工役場・刑場を3676円の予算で建設の伺いを政府に提出しました。

　県庁舎建設には、県民に献金を募ったほか女・子供を含む有志（ボランティア）の人夫を旧藩領・旧幕僚の範囲を超えて動員し、大きな建設事業を成功させたことは、江戸時代から続く旧藩意識を弱めたことと考えられます。

3．福山参事の開化政策

農民騒動と士族の暴動

　明治維新の当初から日向国では、明治 2 年（1869） 8 月、高千穂騒動と細島騒動が立て続けに起きていました。明治 5 年（1872） 9 月には、美々津県で旧税制廃止を訴願（願い出ること）した佐土原一揆（約5000〜6000人）と高鍋一揆（約2000〜3000人）の二つの一揆が連続して起きました。規模においても、同時に発生したことにおいても前代未聞の一揆でした。いずれの一揆も新政府の税制に対する不満でした。

　このような中、明治 6 年（1873） 1 月15日に初期宮崎県が発足したのです。当時二つの一揆により美々津県参事として県民の強い抵抗を経験した福山健偉が、宮崎県を統治しなければなりませんでした。

　福山は、宮崎県の後進性を打破するために県庁の建設を行いました。すなわち「維新とは何なのかを理解できないでいる宮崎県の無知蒙昧（知恵や学問がなく愚かなこと）ぶりは、実際現地において見聞（体験）しなければ理解できないものであり、さらに封建時代の旧制に帰ることを望む県民の存在を認めなければ

なりませんでした」。つづいて「農業をしようとしても田畑なく、商業においても私財乏しい生活状態にある士族に対して、政府の方針や時勢の状況や国民の権利を説明しても、なかなかその意味を理解することが出来ず、適切な指導がなく一度方向を誤れば重大な結果を招くことになります」と指摘しました。このように士族の問題も内憂の一大問題として、士族の反発を憂慮しながら初期県政に取り組まなければなりませんでした。

　この心配は的中して実際、明治7年（1874）1月15日に、武士と農民による都城暴動（約5000人）が起きました。江戸時代ほとんど一揆が起きなかった旧鹿児島藩領内での暴動は前代未聞でした。都城暴動を鎮定したあと、2月2日福山と上村権参事は責任を感じて政府の太政大臣三条実美に辞職伺いを出したほどでした。

　維新後地方官僚の予想を上回って発生した、宮崎県民による大規模な騒動を次々に経験した福山は、たえず県民の動向を警戒しながら、国策の具体化が徹底できる環境を作るために、治安の強化と県民の開明化政策に力を入れていくことになりました。

治安強化策

　明治6年（1873）1月15日宮崎県が設置されてから、参事福山がいち早く取り組んだ政策に治安の強化がありました。

　宮崎県が設置されてから2か月後の3月14日に、従来の捕亡長・捕亡手を警備長・警備方と改称して、警備治安の強化に乗り出しました。警備体制は、警備長・警備方が交代で屯所（兵隊や巡査などが駐在する所）に詰めて、各地区を巡回し、給料も改定して、県内の治安体制の強化に努めました。

　警備方屯所は、中村町（現在の宮崎市に中村の地名があります）に設置されました。また、各支所にも警備方が3名ずつ配置されました。こうした治安強化を短期間のうちに実現した背景には、明治6年3月1日に県庁の近辺で発生した大田村一揆があったと考えられます。

　この一揆のとき、出兵依頼がなかったことへの不満もあった旧飫肥藩士の高橋元安は、3月9日付の「建言書（意見の提案）」の中で、治安強化の士族・卒族（明治初年の身分呼称の一つ。足軽以下の下級武士に相当する。1870年〈明治3〉

から行われたが72年廃止、世襲の者は士族、一代抱えの者は平民に編入された）の役割を強調しました。

　このような動きや明治維新当初から騒動と一揆が続いている日向国内の現状から警備体制の整備が進められたのです。この後、高橋は警備長に任命されました。なお、11月に警備長・警備方は、捕亡長・捕亡方に戻されています。政府の指令があったのかもしれません。

　明治7年3月10日、政府に伺いを立て、9月には捕亡詰所を訴所（そしょ）と改称して治安対策の拠点を新県庁舎内に設置しました。そして翌8年（1875）4月に、政府の命により捕亡長を邏卒小頭（らそつ）、捕亡方を邏卒と改称し、11月には県内に警察掛（がかり）を設置し、同時に邏卒を巡査と改称しました。邏卒・巡査への改称は、全国的な警察制度の整備に従ったものです。こうして政府の警察制度は全国的規模で統一され実施されていったのです。

開化政策

　福山参事は、明治6年3〜12月の間に維新はどういうことなのか、あるいは文明開化とは何かを県民に理解させるため、積極的に意識改革のための政策を打ち出していきました。そのためには布告などの内容を周知徹底させることが必要でした。

　明治6年2月24日、政府は諸布告（命令文書）を「周知のため30日間」掲示することを命じました。

　また同年4月17日、上書函（はこ）を設置する布告が出されました。上書函とは一種の目安箱のことで、広く県民に意見を求めて、ことの大小にかかわらず採用すべき意見は実現に向けた検討をするとしました。実際採用された意見があったかどうかは不明ですが、県民に目を向けると同時に、県民に新政に積極的に参加させようとしたのです。

　県民開明化に県が期待を寄せたものは新聞でした。県は同年4月14日に、県下の上野町（かみのまち）・中村・城ヶ崎（じょうがさき）（以上宮崎市）の主要3か所に「日誌新聞」を見ることができる「展望所」を設置し、遠方の地にもそのうち設置を計画していると発表しました。新聞の閲覧を県民に広く普及する政策を企画しました。

　明治7年4月の大蔵省に出した伺いの中に、県民の開明化に腐心する福山の

考え方がはっきり示されています。

　「宮崎県は日本の西辺に位置し、県民は時勢に暗く旧習（古いならわし）に固執し、政治体制を理解できないでいるため、政府や県の方針を理解できていない。そこで県民が開明の水準に達しなければ、様々な政策を実現していくことが困難です」。

県庁での会議開催の動き

　明治9年（1876）4月8日、「県の本庁において議会を開いてください」という建議が、福山権令代理上村参事あてに提出されました。その内容は「一県一致論」を定めるために、まず本庁において会議を開く必要があり、議員は判任官とするというものでした。判任官とは、県庁職員の8等以下の大属・権大属・権小属・吏生などの県の中・下級官吏のことです。

　この建議を提出したのは、野村綱、長倉訊、堤長発、郡司盛武など11人で、延岡・高鍋・佐土原・飫肥の旧4藩を中心にした者たちでした。これは藩閥県政に対する反発といえます。

　明治9年8月18日、福山は、「区会規則」26か条を定めました。それによると各大区ごとに1区会を設けて、各正副戸長を構成員とし、各区の判断で一般の住民のなかから何人かを公選して加入してよいとしました。選挙権は、各小区に本籍のある満20歳以上男子で戸主に限り、常会は毎年3月と9月に開き、日数は1週間以内としました。

　これによって大区ごとの意見や要求をまとめるようにしました。

　しかし区会規則が発表された3日後の明治9年8月21日、突然、宮崎県は鹿児島県に併合されました。

財政基盤の確立

　権令福山は行政区画の整備・治安対策・庁舎建設・開花政策を立て続けに実施しました。

　新宮崎県の成立以前から、様々な財政に関する課題がありました。その中の一つに藩札の整理問題がありました。

　新通貨の円は、明治4年（1871）5月10日から成立しました。旧藩において発

行されていた藩札はばく大な量に達しており、この整理に政府および藩は苦慮していました。特にこの藩札は、戊辰戦争のときに軍費調達のために大量に増発されていました。藩札と円の交換は明治６年（1873）３月25日から開始され、明治８年（1875）５月16日までに完了しました。

県政の展望と鹿児島県への併合による中断

参事福山は、明治７年（1874）１月、宮崎県を経済的に発展させるための課題と今後の課題について次のように述べています。

「宮崎県は地理的には日本の西辺にあって、山岳は縦横にそびえ、耕地は少なく、荒野は広く、地形高低、道路が険しく、東方に大海があるが荒波のため大きな船でなくては、往来することは困難です。このため他と交通する道が開けないため、県民は蒙昧とならざるをえません。県内の物産は大変多いが、これを有効に活用できないため、利益を上げる産業を興すことができないでいます。県民は少々の品物をもって大阪・神戸・瀬戸内方面と交易するだけです。ここに産業を興す方法は、海に汽船を浮かべ、陸に車馬を使用できるようにすれば、無数の物産が競って生産されることになります」。

福山は、このように海運と陸運の開発の必要性について注目していました。

それでは、当時の県内の海運・陸運はどのような状況であり、県はどのように把握していたのでしょうか。

海運について県は、明治６年（1873）９月に、県内の港湾を次のように把握していました。

旧延岡藩で細島以下５港、旧高鍋藩で蚊口以下４港、旧佐土原藩で佐賀利、旧飫肥藩で油津以下６港、旧鹿児島藩で志布志の合計20か所。

陸運については、人口の著しく多い地域と陸運のある場所を調査しています。これらの調査を通じて、明治６〜７年にかけて福山は日向全域の海運と陸運の実態をつかみ県の課題を認識しました。

福山は、以上のように多くの職務を精力的に遂行しました。それは維新地方官僚として政府の諸政策の定着とその浸透を図るためのものでした。宮崎県の状況に即した政策もありましたが、鹿児島藩出身ゆえの鹿児島県に歩調を合わせる「藩閥県政」の側面もありました。

かなりの課題を達成したとはいえ、区会開催、地租改正、殖産の本格化を着手したばかりの明治9年 (1876) 8月、宮崎県は鹿児島県に併合されました。これらの課題は鹿児島県の県政に、特に殖産 (産業の育成) 政策は明治16年宮崎県の再置後の県政に引き継がれていくのです。

4．宮崎県の鹿児島県への併合

　明治維新の初期から明治10年代半ばまでの日本国内では、県の廃置分合が盛んに行われましたが、明治6年 (1873) 1月15日の新しい宮崎県の誕生もその一つでした。その後、明治9年 (1876) 8月21日宮崎県は、内務卿大久保利通 (内閣制度が成立するまでは、内務卿が実質的な首相) らによって廃止され、鹿児島県に併合されました。地域の実情を考慮することもなく、新政府の中央集権国家体制を目指す勢いにまかせ、安易に廃置分合が行われた時代でした。

大久保利通 (おおくぼとしみち)

　大久保利通は、薩摩藩出身で、幕末から明治前期にかけての日本の政治家、武士です。明治維新の元勲であり、西郷隆盛、木戸孝允と並んで「維新の三傑」と称され、「維新の十傑」の1人でもあります。初代内務卿で、内閣制度発足前の明治日本政府の実質的・事実上の首相です。

明治初期の宮崎市

旧鹿児島県庁
（かごしま県民交流センター）

（いずれも映像提供：UMKテレビ宮崎「ひむかの群像」）

第3章　川越進と鹿児島県からの独立（分県）運動

1．川越の育った時代

幕末の清武郷に生まれる

　川越進は幕末の嘉永元年（1848）、飫肥藩の清武郷木原村（現在の宮崎市清武町）の武士の家に生まれました。

　開国へとつながるペリーの浦賀（神奈川県）の来航はこの6年後の嘉永6年です。この時代は江戸幕府が崩壊する20年前で、幕府と藩が土地と領民を支配する身分制の強い封建社会でした。川越の家は飫肥藩清武郷武士の中では中の下に属する「徒」という身分で、俸禄（身分による年収）は10石でした。川越進の父茂平は飫肥藩の役所である清武会所に勤めていましたから、進も同じ道を歩むことになりました。

川越　進
（映像提供：UMKテレビ宮崎
「ひむかの群像」）

明教堂に学び清武会所に勤める

　清武に住む武士の子弟等は7、8歳ごろから安井滄州（安井息軒の父）の開いた郷校明教堂で学びましたが、川越も幼年期から青年期までの9年間、ここで学びました。

　17歳になると清武会所の役人見習いとして仕官し、明治2年（1869）、22歳でようやく父の後を継いで正式に清武会所に勤めることになりました。

　明治4年、川越が25歳のとき、県の廃置分合で都城県となった際、旧藩の村および庄屋制度は廃止され、代わって置かれた第四七（大）区の小区の戸長助（廃止前の村長に当たる）となりました。このころは、明治維新の急激な改革がなされた時代です。

明教堂があったところ（映像提供：UMKテレビ宮崎「ひむかの群像」）

（映像提供：UMKテレビ宮崎
「ひむかの群像」）

安井息軒（やすいそっけん）

　寛政11年１月１日（1799年２月５日）〜明治９年（1876年９月23日）

　江戸時代の儒学者（じゅがく）。日向国宮崎郡清武郷（現宮崎県宮崎市）出身。飫肥藩士。その業績は江戸期儒学の集大成と評価され、近代漢学の礎（いしずえ）を築いた。門下からは谷干城（たにかんじょう）や陸奥宗光（むつ）（むねみつ）など延べ2000名に上る逸材（いつざい）が輩出（はいしゅつ）された。妻の佐代は、森鷗外の歴史小説『安井夫人』のモデル。有名な言葉としては「一日の計は朝にあり。一年の計は春にあり。一生の計は少壮（しょうそう）の時にあり。」

大区小区制

　日本の明治時代に施行された地方制度です。従来の小規模の町村では効率的な行政が実施できないため、町村を大区・小区に再編成したものでした。府県の下に大区を置き、大区の下に小区を置くことを基本としましたが、実際は府県によって様々でした。例えば「第９大区６小区」など、数字で行政区域が表されました。

２．西南戦争に参加

　川越は飫肥藩の役人となり、新しい都城県や宮崎県の職員となっています

が、その間、明治7年（1874）26歳のとき、住所を加納村（宮崎市清武町加納）から恒久村（宮崎市恒久）に移しています。

　その後、明治9年（1876）8月21日、宮崎県が鹿児島県に併合されたので、川越は鹿児島県の職員となりましたが、明治10年（1877）2月に西南戦争が勃発すると、自ら退職して薩軍の小倉処平率いる飫肥隊の兵士に加わり、官軍の動きを探る探偵掛（係）を志願しました。

小倉処平（1846～77）

　元飫肥藩士で慶応年間には江戸で安井息軒に師事し、明治維新後は文部権大丞（明治の官職）となって英国ロンドンに留学し、将来を嘱望されました。西南戦争が勃発すると飫肥隊を結成して西郷軍に加わり、各地を転戦しました。和田越の戦いで重傷を負い自害しました。川越は小倉を欺いて飫肥隊から脱走したと証言しています。

（映像提供：UMKテレビ宮崎
「ひむかの群像」）

　西南戦争は後半に日向国が戦場となり、官軍に追われた薩軍は、日向国を南から北へと敗走して北川（現在の延岡市北川）に追い詰められました。そのころ川越は豊後方面で自主的に薩軍を離脱して官軍に降りました。

川越の供述調書「降人川越進外一名口供」
（映像提供：UMKテレビ宮崎「ひむかの群像」）

「降人川越進外一名口供」

　捕らえられた川越の供述調書が「降人川越外の口供（事実や意見を口頭で述べること）」として国立公文書館に残されています。そこで川越は最初から西南戦争には反対だったこと、投降をするために探偵係を志願したこと等が述べられています。

　その後川越は、官軍の

判事として従軍していた高鍋町出身の三好退蔵の配慮もあり、熊本の本営参謀部に勤務しました。

三好退蔵 (1845〜1908)

　旧高鍋藩出身の法律家。江戸で安井息軒に師事し、維新後は司法省に入り判事となる。西南戦争では、大審院（最高裁判所）判事として征討総督に随行しました。このとき、官軍に投降し、捕縛されていた川越を救いました。のち、川越が分県運動のため上京した際に、政府高官への陳情活動や情報収集に協力しました。

（映像提供：ＵＭＫテレビ宮崎「ひむかの群像」）

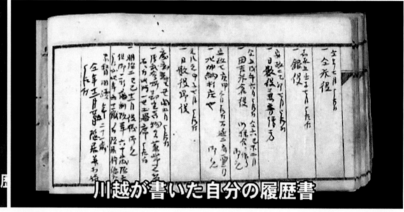

川越が書いた自分の履歴書（映像提供：ＵＭＫテレビ宮崎「ひむかの群像」）

　宮崎県の総合博物館に所蔵されている川越の書いた履歴には、西南戦争後の川越の行動が書いてあります。

　戦争後、川越は鹿児島県職員に復帰します。しかし２年後の明治11年（1878）暮れに突然辞職して、その後約１年の間、鹿児島や東京に行っています。おそらく、この間に政治家になる意思を固めたものと考えられます。

　川越が薩軍と行動を共にしたことは、彼らの勇敢な気質に触れる機会となり、後の県会活動や分県運動にも影響を与えています。

　西南戦争は明治10年（1877）９月24日に終結しましたが、旧宮崎県は官軍と薩

軍の戦闘で大きな損害を被りました。住民たちは疲弊するなか、薩軍の行動の猛烈さを見て鹿児島県からの分離独立の気持ちを持つようになったとも言われております。終戦後、川越も県職員に復職したものの思うところがあり辞職し、明治政府が初めて行う県会議員の選挙に出馬して議員を目指し、明治13年（1880）3月15日、この選挙に33歳で当選し鹿児島県会議員となりました。

3. 鹿児島県からの分県（独立）運動の展開

　西南戦争後、それまで中断していた地租（土地に対して課される税金）改正作業が再開され、日向国内の指導的立場の人々が宮崎に集まることになりました。そこでは自然と日向国分離独立のことが話題となり、このことを契機に分県（再び宮崎県を作る）の動きが始まりました。

自由民権運動に参加

　そのころ鹿児島県会議員の川越は、当時新しい思想として人々の心をつかんでいた板垣退助らの自由民権運動に参加しました。ここでは「国会開設」を求める期成同盟の中心人物として積極的に行動し、そのため鹿児島県から選出された議員と同志的な結びつきができました。このことは西南戦争参加と同じように、後の県会活動に役立つことになりました。

　数年後、自由民権運動がしだいに過激になったことに疑問を持つようになり、「全国の自由民権運動の潮流の中に身を投じ、特定の政党政派に組して時の政府と対立するよりも、以前より旧宮崎県内にくすぶる鹿児島県からの分離独立の願いに応ずるべきでないだろうか」と考えました。そして身近な分県運動に足場を移すことを選び、そこに全力を注ぐことにしました。

板垣退助

　高知藩主山内豊信の側用人などをつめとましたが、藩の公武合体路線と相容れず、討幕派と連携。戊辰戦争で活躍。明治維新後、高知藩の大参事となり、藩政改革を行います。明治4年（1871）、廃藩置県を断行。参議となり、岩倉使節団派遣後の留守政府をあずかりますが、武力を用いて朝鮮を開国させようと主張し、

朝鮮に開国をもとめて拒絶されたので、明治6年（1873）に参議西郷隆盛らは征韓論をとなえ、不平士族の目を外に向けようとしました。しかし、国内の改革を優先すべきだとする大久保利通らの反対にあい、やぶれた西郷や板垣らは政府を去りました。板垣は翌年、ともに下野した後藤象二郎らと民選議院設立建白書を政府に提出。愛国公党や立志社を設立、自由民権運動の先頭に立ちました。明治14年、自由党の総理に就任。後に第2次伊藤内閣、第1次大隈内閣の内相をつとめました。

（映像提供：UMKテレビ宮崎「ひむかの群像」）

板垣 退助

分県運動の中心に

　それから川越は分県運動に3年有余（34～36歳）、日向国選出の県議や県民有志と共に東奔西走（とうほんせいそう）しました。

　明治9年（1876）から同13年の5年間における国内は、維新の反動を受けて民衆が議会制度を求める自由民権運動が活発になりました。これと並行して政府の強引な府県廃置分合策への反発が各地で起きましたが、本県の運動もその一つで、川越もこの渦の中に身を投じることになったのです。

　そのうちに、徳島県が高知県より分離独立し、全国の分県運動有志に期待を持たせました。鹿児島県の岩村県令は宮崎県の分県に理解を示したので、川越ら有志は日向国各地からの「嘆願書」（たんがんしょ）をまとめ、ある県会議員に託しましたが、なぜか議員の変節で届きませんでした。

　明治13年（1880）から同14年にかけて、国会期成同盟が元老院（げんろういん）（明治政府が功労のあった政治家を集めて重大なことについて意見を聞く機関）へ国会開設を建白（意見を具申すること）したころ、鹿児島県令が岩村通俊（みちとし）から渡邊（わたなべ）千秋に代わりました。

　新県令は分県運動に理解がなく、諸県郡（もろかた）（都城、小林を含む地域）に出かけ運動から離脱させようとしました。川越はすぐさま諸県郡に行き、県令の分断工作に乗らないように説得しました。その結果、小林は分県運動へ代表を送ってきましたが、都城は署名はできないものの日向国全体の利害にてらし成功を願っ

ていることを川越に誓いました。都城の決断は有志たちに勇気を与え、その後の運動の大きな支えとなりました。

日向懇親会の結成

川越は寡黙の人でしたが、いったん県会や請願の場に出ると、理路整然として雄弁を振るいました。

明治13年秋、戸長が集まった会合で、鹿児島県からの分県独立を目指すことを提案して、賛同する有志たちによって日向懇親会が結成され、川越がその代表になりました。そして県令に「分県請願書」を提出することを提案しました。

渡邊県令は、「政府は分県を受け付けないだろう」と請願を受け付けませんでした。分県運動には民間人も参加しました。川越の三男秀一を養子に迎えた商人中村二逸は、川越を資金面で支援しました。

渡邊千秋（1843～1921）

信濃の国（現在の長野県）高島藩出身の官僚。明治10年（1877）に鹿児島県大書記官、同13年同県県令に就任。分県に対しては反対の立場をとり、旧薩摩藩領である諸県地方に部下を派遣して、分断工作を行うなど、川越らの運動を封じ込めようとしました。

中村二逸（1852～1921）

上別府村（現在の宮崎市中心部）出身の商人・政治家。広島町で鉄砲店を経営。分県運動では私財をなげうち、財政面で川越を支え続けました。同24年、川越の三男秀一を養子に迎えています。のちに宮崎町会議員、宮崎県会議員を経て、同30年9月から同32年5月まで宮崎町長を務めました。

（いずれも映像提供：UMKテレビ宮崎「ひむかの群像」）

県民一般にもようやく分県運動が伝わったとみえ、宮崎や延岡では運動母体である「日向懇親会」の演説が各地で行われました。この演説会では若手の雄

　柏原村（現在の宮崎市大字柏原地区）の政治家でありジャーナリストでした。慶應義塾では法制を学んで帰郷、分県運動に身を投じ、世論喚起のため各地で開催された後援会の弁士として活躍しました。中村町の劇場の講演会では、渡邊県令を「女郎県令」と罵倒し、宮崎警察署に拘留されるという武勇伝があります。後に宮崎新報社を創立して主筆として活躍しました。明治27年（1894）には第3回衆議院総選挙で当選しました。

（映像提供：UMKテレビ宮崎「ひむかの群像」）

岩切門二の墓（宮崎市下原町）

弁家岩切門二らの演説が功を奏して、県民の啓発に役立ちました。

　しばらくして福井県が石川県より分離独立しました。日向国内では、宮崎（現在の宮崎市内）に県立鹿児島農学校の開設が決定しましたが、実現しませんでした。このことは分県運動に拍車をかけました。

「日向国分県請願書」の提出へ

　明治14年（1881）鹿児島県会副議長になっていた川越は、「分県建言書」を県庁経由で元老院（明治時代の国会）へ提出しました。県令では事が進展しないと見た川越ら有志は、在京県人有力者とも連絡を取り、政府要所に働きかけをしたのです。

　さらに権限を持つ内務省へ「分県請願書」の提出を計画しました。そのころ鳥取県が島根県より分離独立し、川越らの運動に期待を持たせました。また国会開設の詔書が発布され、太政官の諮問機関として参事院が開設されました。そこの主要メンバーとして伊藤博文・山田顕義・松方正義などが就任したので、

川越らの請願対象先が見えてきました。

「分県建言書」が県令を経由して元老院へ提出されてからおよそ2か月の間、有志達は産業開発の具体策について協議しました。出来上がった「殖産法」、「同施行見込概略」、「同発起説明」の大綱は3冊にまとめられ、6月15日、建言書の付録として県令に届けられ元老院（明治の国会）への提出を依頼しました。

それからひと月ばかり後に出された「分県建言書」の意見は据え置く（留保する）という元老院の決定に不満な有志たちは、直接の当事者である太政官の内務卿に請願することにしました。

この請願書を出す前に渡邊県令の意向を聞いたところ、渡邊は人民にその権利はないと門前払いにしました。その理由を聞くために有志たちは、分県請願書の主意を述べた詳細な「陳述書」を渡邊に提出しましたが、何ら回答がなかったので、さらに明治14年7月30日に「日向国分県請願書」を渡邊に提出し、内務卿への提出を依頼しました。その結果、8月24日に県令から提出するとの連絡が入り、有志一同、ひとまず安堵しました。

なお、この請願書に日向人民総代として署名した15人は次のとおりです。

山田重潔・泥谷直保・綾部豹蔵（以上高鍋村）、四谷俊平（岡富村〈現在の延岡市の地域〉）、藤田哲蔵（恒富村〈現在の延岡市の地域〉）、中村二逸（上別府村〈現在の宮崎市の地域〉）、日高宮治（上野町〈現在の宮崎市の地域〉）、岩切慎一（中村町〈現在の宮崎市の地域〉）、南村鼎三（城ケ崎町〈現在の宮崎市の地域〉）、川越進（恒久村〈現在の宮崎市の地域〉）、和田勇（平野村）、郡司俊夫（楠原村）、長井実知（高岡町五町）、河添隆七（高岡町）、横山貞盂（紙屋郷）

「分県」の理由

以上の一連の文書から、日向国の分県希望の背景となっている具体的な実情は次のようなことでした。

1　教育の振興

⑴ 西南戦争により小学校が丸1年休校したこと。

⑵ 退廃する日向国の小学校への補助金支出に薩摩が反対したこと。

⑶ 宮崎農学校講習所を鹿児島県会で廃止し、その建設費を道路開設に転用したこと。

2 産業の振興と地方費支出の不公平

(1) 地方税の使途配分が薩摩に片寄り、日向は年々1万円あまりの損失を受けていること。

(2) 日向は金融の欠乏で納税にも困っていること。

(3) 気候温暖で物産の生育に適しているが、人口が少ないこと。

(4) 人民労力の補助として牛馬機械の導入案に対して、薩摩の賛成が得られなかったこと。

3 交通・運輸の整備

(1) 道路が悪くて馬車の便を欠くこと。

(2) 延岡 – 宮崎 – 都城を結ぶ道路工事が、合併により中断されたこと。

(3) 日向灘の航路が危険であること。

(4) 産物の市場での不利なこと（交通の事情が悪く不便な地域が多い）。

4 その他 (地形の不便さ、人情・風俗の違い、人口密度など)

(1) 風土・人情が古来より異なること。

(2) 日向人は新進の気性に乏しいので分県で趣を変えたいこと。

(3) 戸長役場の管理戸籍は薩摩の5倍で、その上郡役所の削減など行政的に不便を来していること。

(4) 県庁所在地から100〜250キロメートルあり、遠いこと。

(5) 県会議員の定数の少ないことは何かにつけて不利であること。

> 注：当時の鹿児島県会の定員53名のうち日向選出議員は16人で、全体の3分の1にも満たなかった。

請願書の行方は？

そのころ中央政府では、いわゆる明治14年（1881）の政変で10月に薩長閥を中心とする政府ができ、それと同時に10年後を期して国会を開設するという詔書が発布されました。このとき、太政官に参事院が設けられ伊藤博文が議長となったのです。また内務卿に山田顕義が、大蔵卿には松方正義が就任して、財政改革を断行することになりました。

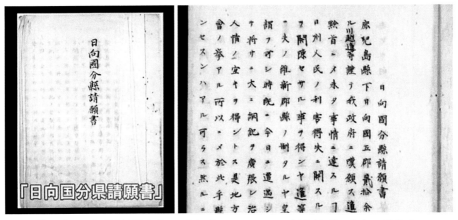
「日向国分県請願書」（映像提供：UMKテレビ宮崎「ひむかの群像」）

明治14年の政変

　伊藤博文・井上馨らの漸進派（ぜんしん）が、国会開設の時期をめぐって対立していた即時開設派の大隈重信一派を、ある事件をきっかけとして追放した事件。これにより、薩長藩閥政府が確立しました。

山田顕義（やまだあきよし）（1844〜92）

　長州藩出身の政治家・軍人。松下村塾に学び、伊藤博文らとともに攘夷・倒幕運動に活躍。明治14年10月、参議兼内務卿に就任。日向国分県には反対の立場を取ったが、川越らが上京して請願・陳情活動を行った際は、「県会より申し出ずるべし」と意見しています。

　日向国分県請願書はこの政変より２か月前、内務省に提出されていましたが、それより１か月後の９月には、鳥取県が島根県から分離され独立県となりました。

　このような時勢にあって分県運動有志らも、先に提出した請願書の行方が気になるところでした。

川越・藤田の活躍

　そこで有志らは川越と藤田哲蔵（延岡出身）の二人を「日向国置県請願委員」の代表に選び、二人は上京して政府関係当局者との折衝に当たることになりました。その時川越、藤田の東京での行動を支え、力となったのが日向国出身の

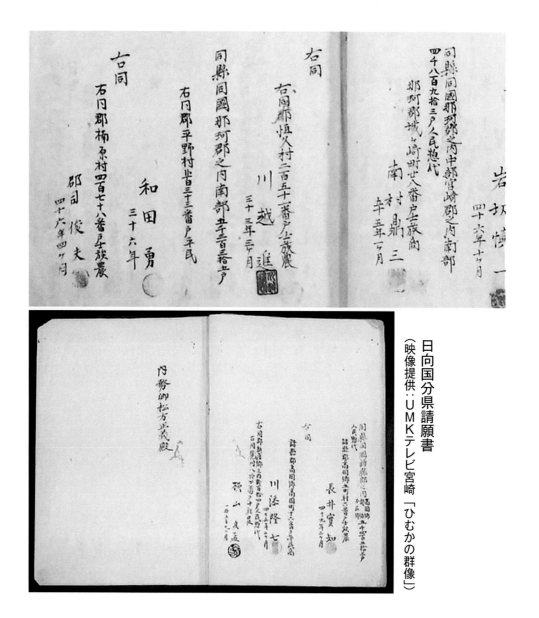

日向国分県請願書
（映像提供：ＵＭＫテレビ宮崎「ひむかの群像」）

在京有志でした。

　東京についた二人はさっそく秋月種樹（あきづきたねたつ）を訪ねました。そこで秋月から政府は分県の意思はあるものの、渡邊県令がさえぎっているとの話を聞きました。つづいて明治14年（1881）10月30日、秋月の紹介で内務省の担当者と面会し、帰路、堤長發（つつみながあき）（高鍋出身、大蔵省勤務）を訪ねています。

　翌11月１日に、三好退蔵（高鍋出身、司法省勤務）と秋月をそれぞれの自宅に訪ねた後、内務省に出向き先日の担当者に面会したところ、諸県郡の志布志（しぶし）地方が反対しているので保留になっているとの話を聞きました。川越、藤田は、県

秋月種樹　　　　　　　　堤長發
（いずれも映像提供：ＵＭＫテレビ宮崎「ひむかの群像」）

秋月種樹
　幕末・明治期の政治家。日向国高鍋藩の世嗣（大名等貴人の跡継ぎ）。貴族院議員、
参与、明治天皇侍読（天皇に学問を教える学者）。詩文に優れ、書家としても知られます。

令の反分県工作にショックを受けましたが再度内務省に出向き面会しました。
しかし肝心の請願書がどの段階の役職まで回っているのか明確な回答がなく、
やむをえず政府内部にいた三好に請願書の行方調査を依頼しましたが、三好に
も確認できなかったので、11月24日「分県の儀追伸書」を内務卿山田顕義に提
出しました。
　その後、三好と打ち合わせて、内務省地理局の局長の自宅を訪ねたが面会で
きず、ついで上京中の渡邊県令を訪ねました。渡邊は非分県の理由に、諸県郡
の不同意をあげて政府要人を説得していました。川越たちと面会した際も、こ
のことを理由に断念を迫っています。しかし川越たちは、諸県郡の反対地域は
志布志地方のみであることを知っていたので動じることはありませんでした。
この追伸書提出は政府部内でも反響があり、提出されてから10日間は、日向国
有志と県令の息づまるような駆け引きと工作がなされています。
　その間、川越と藤田は、伊藤博文にも面会し長州閥にも期待をかけ、日向
旧４藩（延岡、高鍋、佐土原、飫肥）の旧藩知事を含む在京有力者に助力を頼むな
ど、堤とともに奔走しています。やがて内務省から審議が済んだので県令を通

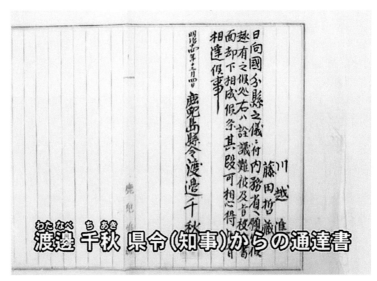

渡邊 千秋 県令（知事）からの通達書

県令からの通達書（映像提供：UMKテレビ宮崎「ひむかの群像」）

じて連絡するとの伝達がありました。そこで12月4日、渡邊県令と面会したところ、請願書が却下されたとの県令名の書面が渡されました。分県の悲願はまたもかなわなかったのです。

　翌日、川越、藤田は三好を訪ね事情を話し、堤および大坪格（内務省勤務）たちと善後策を協議しました。このころ上京していた野村綱（内務省勤務）も分県運動への助力の意思をつたえてきました。その日から1週間、川越・藤田は前に計画していた旧藩主を含む在京有志の結集に力を注ぎました。

　まず大蔵省の堤、司法省の三好及び大島景保を訪ねて協議したうえで、旧飫肥藩知事伊東祐帰や旧佐土原藩知事島津忠寛と会い、あわせて九条邸や毛利邸も訪れました。そして12月12日に30人の出席を得て、京橋（東京都中央区）相生亭で日向懇親会を開くことができました。翌日、同懇親会の委員6人が会合し、旧4藩知事主催の県令招待懇親会が提案されましたが、その席で逆に県令に説得される懸念もあったのでこの会は延期されました。

　その後川越、藤田は、山縣有朋を自宅に訪ねたが会えず、12月26日にようやく面会がかないました。山縣は分県には好意的で再度内閣で評議されるよう取り計らうことを約束しました。政府要人の言葉に勇気づけられた二人はさっそく、持ってきた請願書の草稿を差し出しました。その間にも渡邊県令を幾度も訪ね、日向人有志の気持ちを繰り返しつたえています。

山縣有朋（1838～1922）

長州藩出身の軍人・政治家。松下村塾で学んで攘夷・討幕運動、戊辰戦争で活躍し、維新後は徴兵制の導入など陸軍の基礎を作りました。明治7年（1874）参議となりました。同14年12月、上京中の川越らと面会した山縣は、分県に賛意を示しています。同年2月、法案審議機関である参事院の第2代議長となると、民情把握のため各地に巡察使を派遣して、分権を後押しすることになりました。

（映像提供：UMKテレビ宮崎 「ひむかの群像」）

務卿を経て総理大臣に就

　年が明けて明治15年（1882）になり、川越・藤田の東京滞在も2か月が過ぎました。1月9日に再度、山縣に面会した際、山縣は「大蔵卿の松方正義（鹿児島出身）などは賛成しているが、内務卿の山田顕義（長州出身）が異論を唱えていることを話してくれました。そのこともあってか、翌日、内務卿あての願書を用意し、あわせて西南戦争での官軍の総督として、日向国に滞在したことのある左大臣有栖川宮親王あての願書も準備しました。有栖川宮あてのものは、後に明治15年2月15日、「嘆訴状（お願いを訴える文書）」として提出しました。

　そのころ政府の役人になっていた野村綱は、山田内務卿と面会して「分県のことは県会を通じて願い出よ」との情報を得て有志らにつたえました。これが山田の真意とすれば、これまでと違い県会を通じた展開となります。政府関係者の微妙な変化は、2人に望みを持たせるに十分であり、ようやく3か月以上におよぶ東京での運動に区切りをつけ、明治15年1月18日横浜を発ち、一路細島に向かいました。

県会から分県建議書の提出

　川越・藤田の二人が帰郷してから1か月後、政府要人のなかで分県運動に好意的な山縣有朋が参事院議長となりました。分県運動有志たちは一段と希望を持ち、明治15年3月の県会に臨むことになりました。

当時の県会は、従来からの旧城下士と旧郷士の対立がある中で、３党が鼎立（ていりつ）（三つの勢力が互いに張り合って対立すること）して駆け引きを行っていました。日向国分県議案はこのような時期に、県全体にかかわる重要議題として提案され、賛否両論が激しくかわされました。それとともに県令の面子をかけた議会工作も盛んでした。日向国選出議員は総議員の３分の１にもみたず、複雑な県会の中で、孤軍奮闘（こぐんふんとう）を強いられたのです。

鹿児島県会は３月17日から審議を始めたが、その日の県議案審議では種々討論のすえ、出関議員29人のうち分県賛成が24人と、予想外の賛成多数で県会は分県建議書の提出を決め、さっそく建議起草委員７人を選びました。

翌日の県会で県議案の審議中に宮里武夫議長（鹿児島川内出身）が、分県建議書を政府へ上呈すべきか否かについて再議したいと、提案したので県会は紛糾（ふんきゅう）しました。日向国選出議員は、いったん決めたことを再議するとは論外だとして反発し、代表として日頃物静かな川越が質問に立ち、再議を提案した宮里と県会史に残る激しい討論を展開しました。このときの川越の演説は当時の鹿児島新聞に詳細に掲載（けいさい）され、賛成・反対に関係なく「名演説」として語り継がれています。

翌日になると、政党間の複雑な動きの中で、前夜来の県令による工作が功を奏し再議は進み、建議案を上程しないとする案（非分県論）が投票に持ち込まれました。その結果、出関議員29人のうち16人が非分県論に投じました。一夜にして逆転された日向国分県建議は内務省に上程せず廃案となりました。この一件は日向国選出議員に衝撃を与え、日向人の憤りと反発を買いました。

矛盾する再議決に抗議するため、日向国選出議員は病気を理由に２、3人を残し一斉に帰郷し、直ちに川越・藤田の二人が上京しました。この一連の議会の動きについて鹿児島新聞は、重要案件が一夜で覆（くつがえ）ったことを非難するとともに、一斉に帰郷した日向国議員も非難しています。

宮崎に帰った分県派議員は、前年と同じく「県会始末書」と「分県請願書」を提出することを申し合わせ、川越と藤田が再び上京委員に選ばれました。

３か月ぶりの上京となった川越と藤田は、明治15年（1882）４月後半に細島港を出発し、同年４月28日には関係文書を携え内務卿に面会を求めたが果たせませんでした。しかしいっぽう内務省筋から、日向分県のことは昨年詮議（せんぎ）中、と

の返事があり、安心した二人は1か月余りで帰郷しました。

　日向国有志はそれから10か月間、内務省の詮議の成り行きを見守りながら、県内各地を巡り有志たちの報告会や「日向懇親会」を開きました。

　そのころ自由民権運動や分県運動などの世情視察のため参事院の渡邊 昇[のぼり]地方巡察使が来宮しました。県北視察の際、延岡の分県運動委員四谷俊平と藤田哲蔵が面会し、「願書」を差し出しました。渡邊地方巡察使は趣意主意を承諾して分県に理解を示しました。

　このとき、渡邊は直接民情を視察したうえ、鹿児島県庁の提出した書類も参考にしながら報告書を作成しています。それによると明治15年当時、宮崎・佐土原及び高鍋の人々は渡邊に対し、薩摩・大隅との地形・人情が異なることや、さらに宮崎県廃止以来、諸般の事情が委縮して振るわないことなどを述べています。しかし、渡邊は山岳に隔たった地形からくる人情の違いは認めるものの、これは問題ではないとし、それよりも細島で藤田哲蔵、四谷俊平の提出した「日向分県願望書」の中に示された次の3点に関心を示しました。

　　①日向国は土地（特に原野）が広いわりに人口が少ないこと
　　②原野等を開墾するような新進の気性に乏しいこと
　　③道路の修繕もせず人馬通行に難儀していること

　渡邊は、日向国は他県と比べ20年は遅れていると判断して、日向国に1県を置き、県令に人を得ておおいに開拓等に鼓舞[こぶ]奨励すれば、事業勃興[ぼっこう]して国歌経済に寄与すること大であると、分県に好意的な態度を示しました。

　やがて内務省の詮議も進み、置県案ができてきました。それによると内務省は「現在の風土人情においてやむを得ざる地方」に絞り、人口・面積で県を維持できることを置県の条件としました。その中に宮崎・富山・佐賀・松本などの4県が含まれていました。この置県案は太政官の評議を経て布告案となりました。新宮崎県案には諸県郡のうち志布志郷・大崎郷・松山郷が除かれていました。この布告案は明治15年11月24日に参事院に送られ審査されました。

　一方県会の建議書は必要な条件と思われ、有志達は県会に最後の望みを託しました。明治16年（1883）2月の通常県会で、「国会期成同盟」以来、薩摩・大隅の人たちとの人脈を保っている川越が県会議長に選ばれました。このことは日向国にとって幸いでした。やがて明治16年3月の鹿児島県会に提出された分

県県議案は41人中39人が賛成する圧倒的多数で可決されました。川越はさっそく上京し、同年３月28日、今回は鹿児島県会議長という立場で、山田内務卿に「鹿児島県下日向国分離の建議」書を提出しました。

宮崎県の再置

　明治16年（1883）当初内務省では富山・松本・佐賀・宮崎の４県の分県案ができていました。そこで政府の諮問機関である参事院で審査が始まりました。このころ鹿児島県会では川越が、県会の議長となっていました。そこで分県案が上程され、念願の分県案が出席議員41名のうち39名の賛成で可決されました。鹿児島県会議員53名中日向選出の議員は14名でした。分県案が39名の賛成を得たことは川越・藤田らの努力がいかに大きかったかを物語っています。

　川越は県会議長としてさらに藤田代表委員を伴い、早速３度目の上京を果たし、内務卿山田顕義に分県の建議書を提出しました。

　地方からの手続きはひとまず終わりましたが、政府内部の諸手続きが残っていました。参事院で宮崎県などの分県案を審査し、その後、明治天皇に奏上

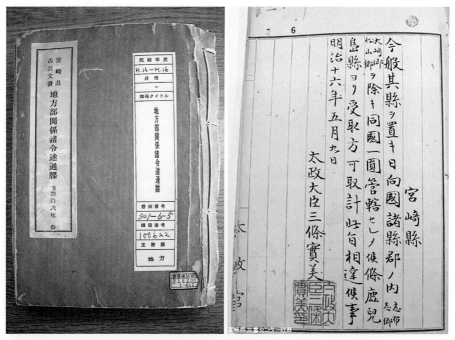

「宮崎県古公文書地方部関係諸令達通牒（明治16年）」に綴られている
宮崎県再配置の「太政大臣布告」（宮崎県文書センター提供）

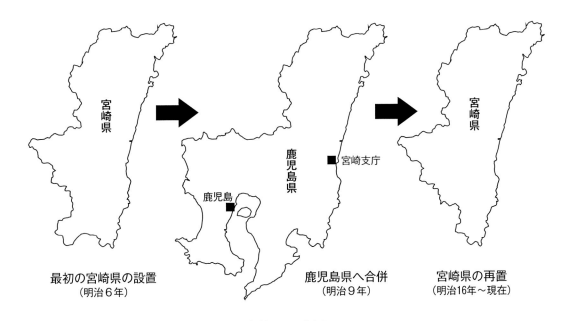

宮崎県の変遷
（明治16年再置のとき、南諸県郡は鹿児島に分割され宮崎県は現在の姿で再スタートした）

（天皇に正式に届け出ること）し、太政大臣三条実美による分県再置が明治16年５月９日、布告されました。

　布告は分県を希望した宮崎県・佐賀県・富山県の３県が同時になされています。なお形式的に事後承認の形として明治維新の功労者で構成する元老院の審議に回されました。

　続いて明治16年５月９日、宮崎初代県令として田辺輝実が任命されました。

この際、元老院が「諸県郡を２分割して、南諸県郡を鹿児島県管轄に、北諸県郡を宮崎管轄とする案」を可決したので、このとおり布告されています。鹿児島県に編入された南諸県郡とは志布志、大崎、松山の３郷のことです。

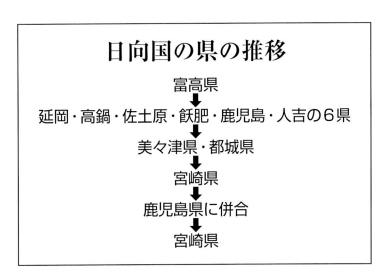

日向国の県の推移

富高県

延岡・高鍋・佐土原・飫肥・鹿児島・人吉の６県

美々津県・都城県

宮崎県

鹿児島県に併合

宮崎県

明治16年 (1883)、川越ら有志は着任する田辺県令を出迎えるため、細島〜宮崎間に数千の県民を動員し歓迎しました。それと同時に県令への意見書も提出しました。これは殖産 (産業育成) 興業を中心とする本県発展のための具体的な提言でした。明治16年 7 月 1 日、宮崎県庁の開庁がなされました。

４. 県再置後の川越進と顕彰の活動

川越の「大宮崎構想」

　36歳で宮崎県の分県再置に成功した川越は、分県後の宮崎県会の議長となり、知事に県政発展のため殖産興業策を提言しました。続いて37歳になると提言を具体化するために県会議員を辞し宮崎郡の郡長 (現在の宮崎市長に当たる) に就任しました。

　行政の第一線の立場に立った川越は、地域発展の観点から、大淀川南北の合併に目を付け、その推進のため「大宮崎構想」を掲げました。川越の構想は、現在の宮崎市の地域の上野町ほか 5 つの町村 (大淀川の川北) と中村・福島・城ケ崎・太田・恒久の 3 町 2 村 (大淀川の川南) を合わせた11の町村で (大) 宮崎を創ることでした。

　しかし旧藩のしがらみを消し去ることは容易ではなく、この問題はそれからもいろいろと検討されてきましたが、55年後の太平洋戦争中にようやく決着がつき、川越の大宮崎構想が実を結びました。

分県運動時代　　衆議院議員初当選時　　最晩年の頃

各時代の川越進 (映像提供：UMKテレビ宮崎「ひむかの群像」)

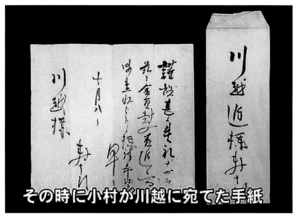

その時に小村が川越に宛てた手紙

外交官 小村寿太郎
（日南市飫肥出身）

小村が川越に宛てた手紙　　　　　　　小村寿太郎
（いずれも映像提供：UMKテレビ宮崎「ひむかの群像」）

　川越が38歳となったとき、内閣制度が成立して、41歳のとき、明治22年（1889）に市制・町村制が成立しました。43歳のとき、郡長を辞め衆議院に立候補して当選しました。その後、5回の当選を果たし、宮崎県選出の国会議員として20年の長きにわたり国政に尽力しました。

川越と小村

　この間、日清・日露戦争がありました。日露戦争の解決となったポーツマス条約で活躍した小村寿太郎より7歳年上の川越は、公私にわたって親しい関係がありました。東京で外務大臣小村が川越に宛て、川越の三男中村秀一に官邸で手渡した手紙が残されています。

川越の訃報を伝える新聞記事（映像提供：UMKテレビ宮崎「ひむかの群像」）

川越の死

　川越は、大正3年（1914）11月16日、67歳で亡くなりました。川越の墓は当初宮崎にありましたが、その後、東京の青山霊園（東京都港区）に移され、この地で静かに眠っています。

川越進の墓（東京都港区青山霊園）
（映像提供：UMKテレビ宮崎「ひむかの群像」）

宮崎市総合文公園にある
川越進の立像

川越翁の顕彰活動

宮崎県庁の正門近くに
ある川越進の胸像
（明治100年を記念して
1969年〈昭和44〉に建立）

2023（令和5年）5月22日に
県庁の川越進胸像前で行わ
れた翁をたたえる献花式
（宮崎日日新聞社提供：5月23
日付記事より）

後 編

宮崎県中興の祖
宮崎県の母　有吉 忠一

第4章 鹿児島県からの分離独立後の宮崎県政

　明治16年（1883）5月9日、日向国は鹿児島県から分離独立し、再び宮崎県が設置されました。明治9年に鹿児島県に併合されて以来、7年ぶりのことでした。初代県令には内務権大書記官の田辺輝実が任命されました。

　同年5月9日付で、知事の補佐役である小書記官に開拓使出身の内務権小書記官の原退蔵が、また同月16日には、警部長に内務省取調局御用掛の矢部正丁等がそれぞれ発令され、県政のブレーンがそろいました。県庁舎は明治7年に落成した旧宮崎県庁舎で、当時鹿児島県宮崎那珂郡郡役所（現県庁本館敷地にありました）庁舎がそのまま当てられました。

　初代田辺輝実以下の県令は、宮崎県の開化、近代化へどのような考えのもと、どのような手を打ってきたのか、以下見ていきましょう。

初代　田辺輝実（在任3年8か月）

　明治16年宮崎県が再び設置されて田辺輝実が初代県令に任命され、のち官制の改革で同19年から知事と呼ばれるようになった当時は、まだなお諸般に封建的要素が強く残っており、加えて諸制度は全くと言ってよいほど整っておらず、県内の状況は無秩序とも言える状態にありました。

　そうした混迷と無統制にあって、県民生活に安定を与え地方事情による立ち遅れから抜け出すために、田辺知事はまず教育の振興を図り、殖産興業をすすめ、交通整備の重要性、すなわち道路の開設と国道県道の改修に着手しました。

田辺輝実
（宮崎県のホームページ
「宮崎県歴代知事」より）

教育の振興にあたっては特に宮崎県立師範学校（教員を養成する学校）を設立して施設を整え、大いに適齢児童の修学意欲を高めるとともに優秀な教員の養成に力を注いだのです。県民経済の安定向上のための殖産については、第一に養蚕、第二に製茶、第三に製糖を重点的に奨励し、県政振興の中軸となる道路の改修を断行しました。

こうして県内の総合的融和を図りつつ、経済の振興、文化の興隆を推進したのでした。

田辺輝実（たなべてるざね）（1841年12月23日〈天保12年11月11日〉～1924年〈大正13〉10月19日）

丹波国（兵庫県）出身。丹波柏原藩士・田辺興の長男として生まれました。明治2年（1869年）、明治政府に出仕し弾正少忠に就任。以後、入間県・群馬県・熊谷県・愛知県で勤務。さらに、内務属、鹿児島県属、内務省御用掛、高知県大書記官、内務権大書記官、農商務省山林局長、内務省土木局長を歴任。

明治14年（1881）1月、高知県令に就任。明治16年（1883）5月、宮崎県令となり、官制改正により宮崎県知事と名称が変更され、初代宮崎県知事となりました。以後、佐賀県・三重県・宮城県の各知事を歴任。貴族院議員。

3代 岩山敬義（いわやままたかよし）（在任4年）

経歴は定かではありませんが、元元老議員から明治20年（1887）5月18日宮崎県第3代知事として着任しました。4年の任期で石川県知事として去りました。石川県では同24年の通常県会に望んだ後、わずか9か月足らずで現職のまま死去しました。

岩山知事在任中の明治22年（1889）2月2日に大日本帝国憲法が発布され、同年4月には市制・町村制が施行され、我が国は名実ともに近代国家としての政治形態をとることになりました。翌23年7月には、初めて衆議院議員の選挙が行われて、帝国議会が開かれるようになり、

岩山敬義
（宮崎県のホームページ
「宮崎県歴代知事」より）

同年10月に教育勅語（明治23年10月に発布された「忠君愛国主義と儒教的道徳が学校教育の基本であると示した明治天皇の勅語」のことです。「勅語」とは天皇のおことばのことです）が出されるなど、基本的法律の制定を見て国家機構が整い、国力の増進、極東に威力をあらわす機運が出てきました。

　このような国力の発展を背景として地方行政制度の策定によって、県民の自治の自覚も高まり、県政の水準もまた大いに伸張するにことになりました。土木事業も道路改修から、河川、港湾の改修に至るまで着手され、さらに産業振興の面でも畜産振興が強く要望され、県政も全ての面で整備拡充されることになります。

　県令（県の命令文書）第17号によって、従来393町村あったものが宮崎、油津、都城、延岡、細島の5町と95村の100町村に合併されました。また、府県制および郡制は明治23年（1881）5月17日に制定されましたが、これによって郡は市町村と府県の間に介在する中級自治体として、府県とともに地方自治体の一環としてその性格が規定されるにいたりました。この郡制施行について岩山知事は県下を8郡としました。

6代　千田貞暁（4年5か月）

　旧鹿児島藩主の千田伝治の長男として天保7年（1836）7月29日に生まれました。明治10年（1877）10月、家督（この時代の旧民法での戸主の地位）を相続しました。戊辰戦争には伏見・鳥羽に転戦、ついで東海・東北の征討に従い功をあげました。

　同5年、教部省に出仕し、後に東京府大書記官となり広島、新潟、和歌山、愛知県知事を歴任し、明治27年（1984）1月20日、第6代宮崎県知事になったベテランです。約4年5か月の在任で京都府知事に転じました。明治29年（1896）日清戦争の功によって勲2等に叙され瑞宝章を授けられ、同31年（1898）勲功によって華族に列

千田貞暁
（宮崎県のホームページ
「宮崎県歴代知事」より）

し男爵を授けられました。これより先、貴族議員に当選。同41年東京で没しました。

　農業試験場建設費2996円が提案されたのは同29年の通常県会でした。県当局の必死の議会工作にも関わらず、議会はあっさりと否決してしまいました。「時期が早い。農業試験場より農学校が先だ」との意見が大勢を占めたのです。

　おさまらないのは当局ばかりでなく、否決した議長の津野常も同様でした。どうにかして試験場を作りたいと考えました。考えあぐねた末、浮かび上がった名案は「農学校開設の建議」でした。否決した手前、正面切って議会側から建議するのは、メンツに関わる。そこで津野は農学校という看板を表にして、内側に農業試験場構想を秘めて大芝居を打ったのです。

　津野の立派な腹芸でした。津野の思惑を汲み取った千田知事はこの進言を受け入れ、明治22年（1889）再び議会へ上程、予算総額7661円は見事議会を通過しました。

8代　園山　勇（2年6か月）

　園山勇は 松江藩（島根県）出身で、松江藩立皇漢学校の助教を務め、明治6年（1873）民選選議院論が起こると島根地方の政社設立に参加、同17年県会議員、同27年の第3回衆議院議員選挙以来、代議士に選ばれました。

　園山は島根県における製紙業の先駆者と言われ、同19年信州を歴遊しました。機械製紙の実地調査を行い、翌年、島根蚕業社を設立しました。この実業と政治の間に立った志士が、明治31年7月に憲政党（1898年〈明治31〉6月、板垣退助の自由党と大隈重信の進歩党が合同して結成した政党）によって長野県知事に抜擢されました。そして翌32年（1899）8月8日、第8代宮崎県知事として着任したのです。

　園山知事は就任早々「石灰騒動」に、また翌

園山　勇
（宮崎県のホームページ
「宮崎県歴代知事」より）

33年（1900）11月25日には「都井の岬沖米国船遭難事件」に直面しました。

　ところで、郡制施行後の郡行政の概況について、園山知事は順調に推移していると次のように述べています。

　「郡行政については群制実施以来、郡自体の機能により基本財産の造成、道路開設、学校の設置などを実行し、また補助行為により勧業、教育、衛生事業を奨励しました。もっとも寄付もしくは補助をなすについては、最も慎重に調査をし、いやしくも情に流されるようなことのないよう言い聞かせ、新たに補助もしくは寄付をなす場合は提案一応内議することとしました」

　これから考えると郡行政施行以来、郡団体としての施行事業は着々として実効を上げ、地方教育の振興、道路の整備、郡有林の造成など見るべきことが多くあります。

9代　岩男三郎（いわおさぶろう）（3年10か月）

　嘉永（かえい）4年（1851）5月9日、熊本城下坪井に細川藩士岩男伝之充の三男として生まれました。藩校・時習館に学び、また横井小楠（熊本実学党を結成、のち京都で暗殺された）の塾で革新的な実学を収めました　文久3年（1863）には師の盟友の坂本龍馬が塾頭の幕府海軍操練所に入り、翌年長崎の公立外語学校済美館で英語を学びました。

　明治4年（1871）文部省10等出仕、同5年藩主の長岡とともに米国のエール大学に4年間留学、同11年（1878）司法省15等出仕として東京裁判所勤務となりました。明治14年（1881）同裁判所判事補、同15年（1882）内閣4等属で制度取締局御用掛（係）、内務省恩賞（おんしょう）課長に昇進しました。

岩男三郎
（宮崎県のホームページ
「宮崎県歴代知事」より）

　この間、山縣有朋に認められ、明治19年（1886）から三重、静岡、愛知各県書記官を経て、同29年（1896）秋田県知事。ついで福井県知事から、明治35年（1902）2月8日、第9代宮崎県知事に就任しました。約3年10か月の在任で徳島県知

事として去りました。明治42年（1909）7月15日、東京で死去、59歳でした。

　49歳のとき、秋田県知事になった岩男は「肥後もっこす」のいわれよろしく、とにかく頑固一徹でした。おまけに米国仕込みのハイカラ紳士で、時には横文字を織り交ぜて煙に巻くので「ハイカラ頑固」のニックネームが献上されたほどです。

　地方制度は前知事園山のところで見たように整備が進みました。岩男知事任中の明治31年（1898）2月8日、訓令第8号をもって町村巡視規定が定められ、各郡長は管轄下の市町村を毎年1回巡視することが決められました。

12代　高岡直吉（2年11か月）

高岡直吉
（宮崎県のホームページ
「宮崎県歴代知事」より）

　旧石州（島根県）津和野藩士高岡道敬の長男として、万延元年（1860）1月に生まれました。明治12年（1879）家督を相続しました。同15年、札幌農学校を卒業して北海道庁参事官、北海道支庁長、北海道庁事務官などを経て、明治41年（1908）3月28日、第12代宮崎県知事に昇進、約3年の任期で島根県知事に転じました。次いで鹿児島県知事を最後に退官しました。門司市長、札幌市長に挙げられ、「金鶏間祗候（功労のある者に与えられた資格）」となりました。これより先、欧米を視察しています。

　高岡知事はこのころの知事としては、割合長く宮崎県に在任しました。この間、県では、気象観測所の事務を郡役所や町村長に取り扱わせ、その結果を毎日地方測候所に報告させ、これを集計して天気予報を作成しました。

　また、明治43年（1910）11月には町村やその職員等の功労者表彰規定を定めました。このことはずいぶん県民の励みになったに違いません。明治も終わろうとしているころでした。

第5章　宮崎県の慈母と慕われた
13代　有吉忠一

（明治44年〈1911〉3月～大正4〈1915〉
8月までの4年5か月）

有吉忠一
（宮崎県のホームページ
「宮崎県歴代知事」より）

1．有吉忠一とその時代

有吉、宮崎に着任

　宮崎県が明治16年（1883）に鹿児島県から分離・再置されてから28年、初代県令田辺輝実から数えて13代目の知事に、前朝鮮総督府総務部長官で後に勅選（1889年貴族院令の規定にもとづき勅任された貴族院議員。満30歳以上の男子で国家に勲功ある者もしくは学識経験者の中から、政府の推薦にもとづき天皇が任命すること）の貴族議員となった有吉忠一が任命されたのは明治44年（1911）3月13日のことです。この翌年、明治天皇の死去により大正天皇が即位しました。

　有吉は明治6年（1873）京都府宮津に生まれ、同29年（1896）帝国大学法科卒業と同時に文官高等試験に合格、島根県・内務省各参事官を経て、同41年（1908）千葉県知事、同43年（1910）朝鮮総督府長官、ついで日韓併合と同時に開設された朝鮮総督府総務長官となりました。まだ37歳の青年官僚でした。

戊申証書と地方改良運動

　この前後は、天皇の死去と新天皇即位ということのみではなくて時代が大きく変化しました。近代産業や文化の著しい発展が見られ、一方において資本主義の発達に伴う矛盾や多くの問題も発生し、新しい時代の息吹が感じられる時期でもありました。

中央政界では、桂園といわれる時期でした。すなわち桂太郎と西園寺公望が交代で政権を担当しました。この時期に地方への影響が大きかった施策が、保守色の強い第２次桂内閣のときに出された戊申詔書の発布と地方改良運動です。

　戊申詔書は、節約と勤勉により日露戦争後の国力再建と増強を意図した、地方改良運動推進の精神的な支柱になるものでした。その背景には、日露戦争後顕著になってきた国家主義への疑問や、農村における国家の利益より地方社会の利益重視の傾向、都会での国家離れ・政治離れなどの実利的傾向がみられるようになったことがあると言われてます。

　地方改良運動は内務省が管轄し、全国各地でその徹底が図られました。まず、国民道徳の強化のため戊申詔書精神の徹底に力を入れながら、内務省の指導による地方改良事業講習会が盛んに開催されました。基本的には地方財政の補強、農村の地主体制の再編・強化、地方公共団体の国家把握、農村の生活・習俗改善です。具体的には、町村基本財産の創設、町村統合のための神社の合併、祭礼・行事の統合、国家的祝祭日の定着、農業改良をねらった品評会の開催などです。

　また、組織的には青年会・産業組合の育成が図られ、在郷軍人会を帝国軍人会分会にするなどの集権化も進められ、精神的には、江戸時代の篤農家（模範的な農業をするひと）二宮尊徳（江戸後期の人）の報徳精神による自力更生が全国各地で叫ばれました。

２．有吉の県政とは

有吉と積極財政

　有吉知事は 宮崎県に来るまでに、千葉県知事などを経験し、鉄道施設などに力を入れてきた人物でした。宮崎県に来てからも、宮崎県の後進性が交通網の整備の遅れと産業の未発達にあると考え、鉄道の敷設、港湾の整備、開田給水事業を県営事業として展開したのです。特に鉄道は有吉知事が初めて敷設し、後の日豊線（現日豊本線）の開通に結びつき、宮崎県の経済発展に大きな貢献をしたのです。

有吉忠一は、在任中に県営鉄道事業をはじめ多くの経済的・社会的事業を手がけました。日露戦争により、戦時公債の負担、軍事負担のための増税、そして戦後恐慌と、全国的に地方は緊縮財政を迫られました。しかも戊申詔書を契機に展開された地方改良運動は、経済的には勤倹貯蓄に努めて産業を興すことが課題でした。このような中、有吉は宮崎に着任後すぐに、県債を発行して県営事業を展開しようとしたのです。

　それにしても、有吉知事はなぜ財政的に苦しい時期に積極的な事業展開をしていったのでしょうか。有吉が地方行政を行った基本的な考え方は何だったのでしょう。

　これまで有吉忠一に関しては評価が高いにも関わらず、ほとんどその業績が語られず、わずかに、大正12年（1913）から実施された西都原古墳の発掘事業が語られているぐらいです。

　有吉は、明治44年（1911）11月に開会された通常県会において、予算編成の方針を次のように述べました。「県の経済状態から考えると現状維持が必要である状況であるが、守りよりも、あえて積極策を取ったほうが、県民一般の福祉を増進する上で必要であり、県民も希望していると考えます」。

　膨大な海外依存の国債に悩むわが国の現状に照らしたとき、国民が国内の生産力を増進するという経済的努力によって海外に支払う金を取り返す以外に道はなく、同時にそのことは宮崎県民一般の福利の増進につながるというのです。

　また、宮崎県の状態を、「全国の平均程度」にまで引き上げるには、「なお一層努力しなけばならない」とも力説しました。この演説のなかで「本県において最も開発を促がす基礎ともなり又最も急要を感じている事柄」として交通機関の整備が急務であるとし、第一に道路、第二に河川、第三に鉄道、第四に港湾をあげ、具体的にその必要性を説いています。

多岐にわたった事業

　内務官僚として宮崎県に着任した有吉は、次々に新しい政策を表明し、実行していきました。政治・経済面では県営鉄道の敷設、港湾の改修、県営開田給水事業、県内最大の河川大淀川への鉄道鉄橋架設、町村治要綱の作成奨励であり、教育・文化面では、西都原古墳群の学術的発掘調査（6回実施、第1回から4

回までが有吉在任中に行われました）、西都原史跡研究所設置、財団法人宮崎県奨学会の設立許可、人物顕彰<ruby>顕彰<rt>けんしょう</rt></ruby>のための「宮崎県懸嘉績<ruby>嘉績<rt>かせきし</rt></ruby>誌」の編集、「宮崎県史」編纂<ruby>編纂<rt>へんさん</rt></ruby>の企画などです。

「宮崎県史」編纂の企画は昭和4年（1929）に喜田貞吉<ruby>喜田貞吉<rt>きだ さだきち</rt></ruby>（第二次世界大戦前の日本の歴史学者、文学博士。考古学、民俗学も取り入れ、学問研究を進めた）と、日高重孝（昭和5年郷里宮崎県で宮崎中学校長となり、宮崎図書館長、上代日向研究所長、県立博物館長を務めた）が「日向国史」としてまとめました。

明治44年3月から大正4年（1915）8月までの4年5か月の任期で、これだけの事業がどうして実行に移されたのでしょうか。有吉が明治44年11月に開会された通常県会において、積極予算編成の方針を述べたことは前述したとおりですが、有吉は日露戦争後の不況の中で、政府の方針は低利資金を融通して地方改良・産業組合の設立・耕地整理・地方開発を行うことと解釈としています。宮崎県は、全国のレベルに達するまでに実行する課題が多く、その課題を解決するのが県民の希望であると考えているのです。

公営事業の経営こそ町村の力を充実させる

有吉は、着任後間もない明治44年6月26日に初めての郡長会議を開き、その席上で次のような内容の訓示をしました。

「国家の基礎である町村の実力を充実させることが行政における最重要事項である」としたうえで、「町村住民を苦しめているのは国費や県費ではなく町村費であり、それを救う道は公営事業の経営しかない」と力説したのです。

このほか京都・大阪・高知での電気事業や、大阪・千葉における交通機関の経営などを例に引きながら、事業の選択のあり方や人物の選定についても注意を与えました。

翌45年（1912）1月10日には町村長会を開催しました。この訓令の中で知事は宮崎県という法人の代表者であり、今後は県民相互が一族の思いを持ってお互いがその家族を愛し、一家のために個人の利益は犠牲にして、その家の繁栄を図るべきであると説きました。

多分に儒教的・家族国家観的色彩の強い考え方ですが、県下100市町村のうち、須木村を除く99か村を巡視するという精力的な知事の意向を受け、各町村

では公営事業の許可を受け、あるいは当時他県に例を見ない産業資金の貸し出しを受けながら地方改良運動に取り組むことになります。

　また各町村において、将来を期して実現すべき事項を定めて実行が図られてきた「町村是（ちょうそんぜ）」を改め、大正３年（1914）10月24日訓令30号により「町村治要綱（ちょうそんちようこう）」を制定しました。これは各市町村の地理や人情に応じて、産業の開発・教育の普及・良風美俗の育成をはかり、住民と協力して福利増進を進める計画に基づくものでありました。このため県庁内には要綱審査会（方針や制度を決めるための検討会議）がもうけられました。

村営質庫（しちこ）

　町村公営事業などについては、有吉が編集を手がけ、その退任後の大正４年（1915）10月、第14代堀内秀太郎知事のときに実現した「宮崎県嘉績誌（かせきし）」にも掲載されていますが、その一つに明治45年（1912）に貧しい人々の救済を目的とした南那珂郡細田村（現日南市）の村営質庫があり、当時全国的にも話題を集めました。

　村営質庫の創立は明治45年で、村の基本財産を資金として特別会計を設置し、貧しい人々の救済を目的としました。しかし、村の認可申請を内務省が却下（きゃっか）したので、有吉は独断で県独自に認可して、我が国最初の公益質庫（公営の質屋）が創立されました。

　この質庫は、月利息を１分３厘〜１分６厘（１分は1/100％、１厘は1/1000％）の低利率で一般に貸し付け、当時の高利融通（ゆうずう）の弊害（へいがい）を排したので、大正３年度は、

細田村の公営質屋（徳永孝一『《官》が立った。《民》が動いた』より）

11月までの貸付件数2622件、金額3080円、開設以来の総貸付金は5235円に達しました。同年度の収益もすでに375円となり流質品（しちながれひん）は皆無（かいむ）でした。

3. 交通機関（鉄道・港湾）の整備

「今日の急務」

　有吉は、就任後最初の通常県会において、宮崎県開発のための基礎となる事業として、交通機関の整備を「今日（こんにち）の急務」としてあげ、道路・河川・鉄道・港湾の改善と整備に努めました。

　有吉以前の知事も宮崎県の最重要課題は交通網の整備とし、特に道路については敷設事業を続けており、すでに第12代高岡直吉知事が、12年計画で道路敷設を予算化し、起債（国・地方公共団体・株式会社などが、財政資金や事業資金を調達するために債券を発行することで、その債券は国債、県債等と呼ばれる）していました。一方、河川は公費が膨大で、河川の性質・水流・護岸調査などにも時間がかかりました。

　そこで有吉が注目した交通機関は、鉄道と港湾でした。生産物の出荷を考えたとき、県外と連絡交通機関として、鉄道と港湾の整備を優先しようとしたのです。

　しかしこのような積極的な事業展開は、政府の方針とは異なっていました。大正２年（1913）の通常県会においては「政府が行財政の整理を基本としている以上、地方としては中央政府の方針に従っていくしかありません。その方針で来年度予算を組んだ」といいます。そのため予算は109万2100余円となり、前年度の議決額より約３万円減額となりました。この３万円という額は、備品費・消耗品費という事務費を差し支えない程度に減らす努力をした結果でした。有吉は宮崎県が、進んだ他府県の技術や文化と接する絶好の機会であるとして、諸事業に影響のないように編成しました。

　この説明に有吉の考え方が集約されています。大正３年の通常県会時に、その３か月前に飫肥－油津間の鉄道が開通しているから、開通後の利用状況などが明らかになりつつある時期ですが、実施している事業どうしのつながりがで

きており、さらに進んで利用していくときだと指摘しています。

中央政府の方針を尊重して経費を節約しながらも、宮崎県の発展を考えて事業は停滞させたくないというのが有吉の考え方です。政府は、地方の公共団体が行う経費を要する土木事業には、低利資金を融通しない方針であり、有吉はその方針に沿わない鉄道敷設・港湾改修事業を進めていこうとしていました。

県営鉄道から国有鉄道へ── 有吉の構想 ──

宮崎県において鉄道の早期敷設は明治25年（1892）に鉄道敷設法が公布されて以来の懸案事項でした。官民協力して政府へ陳情活動も行い、第２期路線となった日豊線（1923年〈大正12〉現日豊本線となります）の第１期路線への格上げを求めました。また、第１期路線となった熊本－鹿児島間（現鹿児島本線）の路線変更も計画して、実測し上申したこともありました。しかし、路線変更も承認されず、実質的には明治期には鉄道が敷設されなかったのです。

このような現状で、宮崎に赴任した有吉は、すでに前任地の千葉県で鉄道を敷設した経験があり、その経済効果を十分知っていたので、まず鉄道に着目しました。つまり、多年にわたって県民が熱望している鉄道について、有吉もその重要性を認識し、積極的な整備を行っていきました。

就任当初から、「小地方的中心連合」する県営鉄道とし、宮崎から油津（現日南市）に達する線、宮崎から佐土原を経て妻（現西都市）に達する線を構想していました。

吉松－（小林、都城）－宮崎間（現吉都線）は、政府の計画では、大正７年（1918）度にならなければできません。宮崎県の動脈である日豊線はいつ敷設されるのか予測できないという状況下で、産業経済上で鉄道の有効性を知る有吉は、日豊線以外に県内各地の小地方の中心を結ぶ鉄道を敷設しようと考えたのです。

しかし、問題は鉄道敷設の費用をどのように調達するのかでした。起債によって工事費を確保し、営業開始後に得られる収入から元本と利息を返済していこうという考え方でした。私人や会社の経営とせずに県営鉄道として、県債を召還していくことが可能な路線を優先的に敷設していく方針で調査を行いました。

有吉は赴任してまだ８か月でしたが、明治45年（1912）度予算に間に合うように調査を進めていました。調査したところ、①細島－土々呂－延岡線、②宮崎

－福島（広瀬）－高鍋線、③宮崎－佐土原－妻線、④油津－一里松－飫肥線、⑤一里松－福島という5線が有力という結論を得て、費用と地形の両面で試算しました。

①細島－土々呂－延岡線は、工費が多額の上、物資・旅客からの収入が少ないので検討を要します。②宮崎－福島（広瀬）－高鍋線は鉄橋のため工費が多額となり、十分調査をしなければ採算が取れません。⑤一里松－福島線は十分予測する時間がなかったため、いずれも不採用となりました。

残りの2線は物資・旅客とも多く、得られる収入により元

有吉知事が調査した5路線とその後の展開
（みやざき文庫『大淀川 流域の歴史』第三巻より）

本、利息の支払いが確実に見通しが立ち、鉄道港湾費として106万4000円の予算を提出しました。しかし、有吉には別の考え方がありました。それは、将来的に国有鉄道と結びつけることでした。

③宮崎－佐土原－妻線のうち、宮崎－佐土原（分岐は現在の日向住吉駅）間は、将来敷設される日豊線と同じ線になるので、鉄道院（鉄道国有化に伴い、明治41年（1908）に設置された鉄道行政の中央官庁）に原価で買い上げさせる交渉を進めていました。また買い上げられた費用はそれを県債の償還に充てることも考えていました。

そのため、②宮崎－福島（広瀬）間は国有鉄道と同じ線路規格を採用し、買い上げに備えることになっていました。ただし、④油津－飫肥間は官線との連絡が望めず、その路線収入で県債の償還を行われなければならなかったため、線路の規格を狭くして工事費の軽減を図る計画でした。

進む鉄道整備

　こうして県営鉄道２路線の計画が提案され、鉄道の敷設と港湾の改修を含む鉄道港湾費106万4000円が大正３年（1914）までに起債される案が承認されました。日本勧業銀行を中心に年利６％で借入を行い、大正６年から昭和4年（1929）までの13年間で償還する計画で、事業開始されたのです。

　飫肥－油津間は明治45年（1912）７月28日に着工、翌大正２年（1913）８月25日に営業が開始されました。この年には10月31日に、現在の宮崎市大淀と内海間を結ぶ宮崎軽便鉄道も同時に営業を開始しました。

　宮崎－妻間は明治45年９月26日に着工、大正３年６月１日に営業が開始され、同年に国鉄都城－山之口間も開通しました。以上が有吉の在任年に開業しました。

飫肥－油津間の開通
（徳永孝一『《官》が立った。《民》が動いた』より）

県営鉄道妻線視察中の
有吉知事（中央）
（徳永孝一『《官》が立った。《民》が動いた』より）

大淀川の鉄道架橋が完成
（徳永孝一『《官》が立った。《民》が動いた』より）

軽便鉄道のドイツ製機関車
（宮崎市原町の児童交通遊園の展示）

　国鉄日豊線については、全通にはこの後まだ数年を要することになりますが、吉松－宮崎間については大淀川の鉄橋架橋など、宮崎を中心として都城方面に工事を進め、また、吉松から都城の方へ工事を進めるという方式を採らせたことにより、都城－宮崎間の国鉄宮崎線は大正5年度に開通の見通しになりました。

　このように、県営鉄道を国鉄の先駆として完成させた有吉の手法は、財政難にもかかわらず国の鉄道会議（1892年6月21日から1949年6月1日まで鉄道敷設法16条に基づいて鉄道担当官庁（内務省→逓信省→鉄道省→運輸通信省→運輸省）に設置された諮問会議）をして宮崎線開通を決断させる契機になりました。

　しかし開業後、さらに問題が残されました。開業間もない飫肥－油津間の鉄道は、予想より収入が不足し、支出をカバーすることができず赤字の状態でした。有吉は赤字の原因を、経費が予想を超えていること、鉄道を利用する習慣がなく旅客数が不足していること、馬車業者との競争があることを挙げています。さらに、主な原因を、海運の設備が未完成であることからくる物資の運搬能力不足に求めようとしています。鉄道開通当初は、宮崎県が抱える課題に直面していたのです。

港湾の改修

県内外を結ぶ交通機関として、農林産物の大量輸送を担っていたのは海上輸送でした。特に鉄道のない宮崎県においては、港湾の重要性は他県の比ではありませんでした。県内の主要な港湾は細島港・東海港・土々呂港・美々津港・内海港・油津港などで、その中でも、明治40年代は定期船が入港する細島港・土々呂港・内海港・油津港の整備が急がれました。

しかし、明治16年（1883）の再置県以来、浚渫工事を中心に整備に経費がつぎ込まれていたにも関わらず、災害からの復旧工事などに時間と費用を取られ、抜本的な対策が取られませんでした。また浚渫工事を行っても、河川から流入した土砂が沈殿して水深が浅くなることの繰り返しでした。

そこで、第11代永井環知事は、明治40年（1907）度から東京帝国大学の中山秀三郎工学博士に、港湾・河川改良補修工事のため

有吉知事が改修に取り組んだ港湾
（上から細島、内海、油津）
（徳永孝一『《官》が立った。《民》が動いた』より）

の調査を依頼して、有吉が着任した明治44年に終了しました。この調査を受けて、有吉は港湾改修の提案を行うのです。

有吉が対象とした港湾は細島・内海・油津の三港であり、細島港については、長年多額の経費をつぎ込んで浚渫工事を行ってきたので、その効果を完全にするという理由で４万円を予算化しました。しかし有吉が注目していたのは、鉄道と港湾の関係でした。

現在の堀川運河（日南市ホームページより）

　将来吉都線が開通すれば、大阪・神戸などの市場との結びつきも強まるため、宮崎の近くに海上運搬の拠点としての港湾を確保する必要があること、そして内海－大淀間に宮崎軽便鉄道が敷設される予定で、内海港と宮崎が結ばれ物資の輸送が容易になることを理由に、内海港の浚渫工事を行おうとしていたのです。

　次に油津港は、堀川運河（宮崎県日南市の広渡川と油津港とを結ぶ全長984m、幅約30m の運河。江戸時代初期に木材を運搬するために開削されました）および鉄道と港湾の関係を考えています。同じ県会で飫肥－油津間の鉄道敷設を提案して、さらに鉄道と油津港を直接結び付けることを考え、油津港の改修とともに堀川運河の浚渫工事も視野に入れています。

　内海港と油津港の例をみると、有吉が単発的な事業を目的としたのではなく、事業の関連性を考えていたことがわかります。

　こうして、有吉は鉄道・港湾費を一括して起債し、細島（現日向市）・内海・油津の改修整備に着手しました。

　細島港では、継続的に浚渫工事を行い大正３年 (1914) には浮桟橋も完成しました。夏季に波風が高く定期船が欠航することが多い内海港の改修は、大正元年から３か年の継続事業として防波堤の工事などがおこなわれました。後に有吉はこの港から神奈川県知事として船出することになります。県営飫肥線軽便鉄道との連絡上重要な油津港では、堀川運河の浚渫や両岸の土留工事などが着工され同３年に竣工しました。

道路整備について

　大正4年 (1915) の退任のときの、次の堀内知事への「県務引き継ぎ書」によれば、県下12の主要道路については、明治42年 (1909) の通常県会で翌43年から大正10年までの継続土木費を可決し、新築・改築を行ってきました。

　しかしながら、交通機関の発達や物資旅客の多少により変更を余儀なくされました。大正2年度に調査費を予算化し調査委員会を設けて実地調査を行う一方、郡町村長からも意見を聞いて、大正3年度10月臨時県会で明治43年度から大正15年 (1926) 度までの継続土木費として修正し、内務大臣の許可を受けてさらに整備を進めました。

　なお修繕費としては、交通量の頻度に応じて破損状況が違ってくるとして、甲乙丙丁の4等級に分けて配分するなどの工夫が見られました。

4．開田給水事業および農林事業、移民呼び込み政策

政策全体を関連づけて

　県営鉄道・港湾改築と並ぶ重点事業である開田事業は、宮崎県の農業生産力を発展させるため、鉄道と同様、県営事業として実施され、これにより宮崎県の開田・開墾・耕地整理事業が急速に進みました。

　その3大事業をあげると、大正2年 (1913) 9月に着行し同4年5月に完成した二原開田給水事業 (現小林市)、同3年1月に着工し同4年5月に完成した高木原開田給水事業 (現都城市)、同3年4月に着工し、同5年9月に完成した薩摩原給水開田事業 (現国富町) です。

　開田給水事業により耕地面積を拡大する政策を実行する一方で、有吉は開墾地農業移住者奨励事業を展開しました。明治36年 (1903) に「開田調査書」を全国に配布して以来の県の移民奨励策を批判し、計画的な開墾移民の奨励が必要であることを指摘しました。

　大正3年 (1914) に移民奨励費を予算に計上し、宮崎県移民案内と移住地の調査書を全国に配布したのです。移住案内には、移住適地として都農、川南、新

田、三財、八代、小林、高崎があげられ、宮崎県の仲介による移民に対しては１戸10円の補助金を給付するという計画になっていました。

　鉄道と港湾の関連づけによる産業の振興という方法と同じく、開田給水事業においても、開墾と開墾移民の奨励という将来的な開発の方向付けを行おうとしていたことがわかります。

　このほか、農業では、米穀県営検査を実施して日向産米の改良を行なったり、農事相談所を開設し、採取田の経営、堆肥および二毛作などを指導奨励しました。林業では、慈恵救済恩賜林を造成し、盛んに植林も奨励しました。

県営事業を基本路線に

　明治44年（1911）通常県会において、有吉は開田事業に関する提案を行いました。これは、工事その他技術者等の関係から費用がかかるため容易に起業できない地域で、公共団体の希望があり、かつ確実に事業が成功する見込みがあるところについて、開田給水工事を県営で行うというものです。しかも、水利を受ける土地から一定期間使用料を徴収し、工事実費を改修した後に関係の公共団体へ無償交付するという案でした。

　宮崎県は開拓すべき土地は多く、開墾者から注目されているにも関わらず、事業が進んでいません。その原因には、開発の困難さや資金不足がありますが、有吉は特に次の点を挙げています。

- 当時の宮崎県の給水事業は、資本家の手によるものがほとんどで、開発が成功すれば土地の半分を取られ、毎年収穫の半分を使用料として徴収する契約になっており、土地所有者に不利な条件であること。
- 開発には多額の費用が必要なうえに、遠くの宮崎県に優秀な技術者を招聘するのが困難であること。
- 宮崎県の給水開田事業は、県の補助や国庫補助を受けずに民間人の資金によって実施され、それが資金不足を生むという悪循環があること。

　以上の諸点を指摘して、政府から低利資金融通の道があることに触れ、それらの特典を利用して事業を実施し起業しようと考えたのです。そして、有吉知事は就任後すぐの６月、県内務部に耕地整理課を設置しました。

　その理由について、「このたび、林務部及び耕地整理課を増設致しましたの

は、目下本県の現状において、産業開発のもっとも急なること言うまでもないところでありますから、もっとも大な経費と多くの人を使用する事業に分けて、各その事務に専念従事する便を得させようと考えたためであります」と言っています。

　つまり産業の停滞という状況を実際に見て、必要なところに諸経費とお金を重点的に使うという政治手法をとったのです。そして耕地整理課を中心に農地の有効利用が進められていくことになります。

　開田給水事業は、用水路の開削などの土木工事に多額の費用を必要としたため、大資本家のいない宮崎県は、明治30年代には県内外から資本家を募って民間人が開田を行うという方法でした。この方法は、利益を重視するため、設計や投資が不十分で工事が途中で挫折することがありました。さらに資本家（起業者・施工者・機工者）に対して土地を寄付したり、用水の使用料を支払わなければならなかったため県内の地主が零細化するという<ruby>弊害<rt>へいがい</rt></ruby>がありました。

　そこで有吉知事は、弊害をなくすため開田給水事業を県営事業として実施することにしたのです。県営事業にすることで、一定年限水路使用料を徴収し実費を回収した後に該当地域の公共団体に無償で交付することにしたのです。しかし一方では県の財政状況を見て、大正3年（1914）に給水改善事業を国営事業として行うよう内務・大蔵・農商務各大臣に提案しています。それほど経費のかかる事業だったと言えます。

5．3大開田事業

　専門技術者を擁している県の耕地整理課を中心に、成功の見込みのある大規模な開田事業については県営で実施し、町村で実施可能な所には補助金を出すという方法を取りました。そのうえで、大正2年度から、開田給水事業を行うのです。鉄道敷設・港湾改修という大きな事業を抱えていましたが、資金の調達方法は開田についても県債を起こしました。そして水利使用料で元本と利息を支払っていくという方法を取りました。

　有吉知事は 開田給水事業を行う対象地の選定に取り組みました。そして大規模な開田が可能であり採算性や事業の継続性のある<ruby>二原<rt>にはら</rt></ruby>（現小林市）・高木原

二原開田事業記念碑とその横の田の神様

（現都城市）・薩摩原（現国富町）の三か所が候補に挙がりました。

二原開田給水事業

　水路工事は、県債額78000円で大正２年（1913）９月着手、大正３年７月に竣
工し、手直し工事は大正４年（1915）に完成しました。水路幹線延べ2322間（約
4.2km）、支線1355間（約2.5km）で、開田予定面積185町歩のうち、大正４年（1925）
までの植え付け面積は160町歩（160ha）に達しました。

　事業開始後の大正４、５年ごろ、農村の不況時代においては、多少負担が重い
感じもありましたが、大体において苦痛を訴える者がいなかったのは、開田の成
績が良好であったからです。また、二原耕地整理組合は４万円の積立金を持って
いたので、用水料の支払いなどで困難な状況に陥ることはありませんでした。

　大正９年（1920）度から開墾助成法の恩恵を受けて開田工事を進め、水路を拡
張・改修していきました。

高木原給水開田事業

　この事業は、都城地域で行われた事業です。都城地域には前田正名が資本家
として行った前田用水路があります。有吉は資本家による事業には批判的で、
住民の利益を優先させようとしています。資本家による給水開田事業は、土地

「高木原土地改良区提供資料」掲載の 記念碑（現在はない）

の５割と水使用料の徴収を行い、水路の所有権も資本家でした。

　有吉の方法は、工事費用を償還するまで土地所有者から使用料を徴収し、償還後は水路を地方公共団体か組合（ここでの組合は、高木原耕地整理組合（大正２年設立））の所有にするというものでした。このような住民優先の方法を用いることで県会に提案して承認されました。

　土地があるからといって、どこでも成功するというわけではありません。水路造成にかかる費用、工法、そして開田面積と採算性、様々な条件をクリアしなければなりませんでした。有吉は地主など地域の有力者に対して、土地所有者と移住者数の確定、小作人に対する小作料や特典などについて協議するように求めました。

　大正元年度（1912）、給水開田地として決められたのは、沖水村の高木原と小林村の二原でした。有吉が赴任する前の明治43年に発表された県の給水開田事業計画では、高木原は700町歩の開田が見込まれ、開田地の中で２番目の広さでした。二原は明治32年（1899）に、実際に50町歩の開田が行われた実績がありました。

　有吉は各地の情報を収集しながら査察を行いました。明治45年２月に南那珂郡の視察を終えて志布志から都城に入り、有志の出迎えを受けて持永旅館に宿泊しました。その夜は美阪屋での歓迎会に臨み、翌日には各地を視察して、翌々日に沖水村の高木原の開墾地を見て、高原、狭野神社、小林へと向かいま

した。このように開田地のなどの調査、視察を実施して、大正2年度（1913）から開田事業特別会計を設置して、用水工事を行うことにしたのです。

高木原は県営開田第2号として行われました。

用水路の開発は、技師に命じて慎重に作業を進めました。先行する二原が、開田にこぎつけた後、火山灰土の崩落で下流7里のところまで川水が真っ白になったという経験もしていました。測量の段階から慎重さが求められました。

水路は、水源から都城市街地の東部を経て沖水村に入り高木原にいたるもので、大正3年（1914）から始まりました。沖水川の鉄管埋設工事と都城町内の築堤工事に時間と労力をとられ、さらに翌4年（1915）6月に大洪水に見舞われ、暗渠（トンネル）や鉄管水道橋が崩壊するなど、工事は困難を伴いましたが、大正5年1月には復旧工事が終了しました。そして開田事業は同4年から始まりました。

最初になされた当時の様子を、有吉は次のように語っています。

「測量を誤ると重大な事態になるので、技師に慎重にやらせ、水路が完成し70町歩の開田となった。その報告があり現地に確認に行った。村長が開田の中央に椅子を持ってきて、どうかゆっくりご覧下さいと、ビールを2、3本抜いて勧める。いろいろ苦労した結果が今日目の前に成功しているのを眺めながら、このビールの味はまた格別であった」

高木原には、「高木原開田事業記念碑」が建てられました。

現在、この高木原の用水路等は、都城市高木原土地改良区（昭和29年〈1954〉9月11日設立）が管理しています。

薩摩原開田給水事業

大正3年（1914）県債を発行し、資金7万7300円を日本勧業銀行より借り入れ、さらに民有地の買い入れと国有地の借り入れを行い、4月から薩摩原の工事が始まりました。対象となった土地は、東諸県郡八代村大字南俣、同村大字八代北俣、児湯郡三財村大字三財にまたがる畑126町歩、原野37町歩、山林28町歩でした。

これらの土地を開墾する目的で大字八代南俣字田良原の渓谷に、一回貯水量102万9710平方メートルの溜池を作り、農業用水を供給しようとしました。

現在の薩摩原（国富町）

　工事は大正５年（1916）９月に竣工しましたが、薩摩原は下層土が、浸透性に富むホヤと呼ばれる火山灰層であったため、計画以上に用水量を必要としました。　薩摩原耕地整理組合の開田予定面積は196町歩でしたが、大正13年（1924）までに63町歩を開墾するのがやっとという状況で、反当たりの収穫量も一石約150kgと予想を下回り、成績も思わしくありませんでした。

　そのため県債の償還も予定どおりに進まず、用水使用量も未納が多くなり、償還期限の延長と県費の補助が県会で決まりました。その後用水の節約、浸透水の調査などを行い、大正14年（1925）には、ようやく増収が見込まれるようになったのです。

６．教育、文化、宗教、厚生政策

教育環境の整備

　教育では、学校教育の普及に努め、無資力であっても学力優秀な者を国家に貢献できる人物に育てるため、奨学奨励資金事業を推進し奨学会を創設しました。また大正２年（1913）には東諸県郡立農学校を高岡に設立し、同３年には北諸県郡職業学校を郡立都城高等女学校に改めました。

また、小学校教員の互助規定を制定したり、日州教育会の会頭に就任して会務の整理改善、指導啓発を行いました。

　明治33年（1900）３月、政府は年々増加する不良少年対策として感化法を制定し、各県に感化院（非行少年、保護者のない少年などを保護し教育するための福祉施設）の設立を義務づけました。

　宮崎県に県立慎修学校が設立され、収容人員30名で開院したのは大正４年４月１日のことでした。これは都城町摂護寺の住職佐々木鴻熙が明治42年に設立した私立日州学院の後身で、佐々木が県に寄付しそれを改修したものでした。

西都原古墳群の発掘調査と県史の研究

　文化面での画期的な事業は、わが国で最初の本格的な古墳の発掘を実施したことです。有吉は明治44年（1911）、西都原古墳群の史跡の顕彰と保存を計画し、県会の賛同を得て宮内省に申請し許可されました。

　近代考古学のメスが入れられたのは大正元年（1912）のことであり、第２回調査は翌２年（1913）に実施され、同３年（1914）には西都原史跡研究所が設立されて発掘された遺物が陳列されました。

　また、在任中に再置県30年を迎えたため、祝賀会を開くと同時に『宮崎県再置30年記念誌』の執筆を松尾宇一（宮崎県出身の明治から昭和の時代のジャーナリスト、郷土史家）に依頼し、大正３年に刊行しました。

神社祭式の整備や衛生対策も

　宗教面では、大正２年７月に宮崎宮を宮崎神宮と改称し、神社の祭式を一定化しました。さらに神職任用規則の細則を改正し、俸給に関する規則を制定しました。

　また衛生面では、結核収容所建設のための敷地を購入したり、トラホーム講習会を開催しました。

７．西都原古墳発掘調査

　有吉の業績は多岐にわたりますが、その中の一つとして、西都原古墳群の発掘調査があります。有吉は、大正４年（1915）３月刊行の『西都原古墳調報告

書』の冒頭において、西都原古墳群の調査を行った理由として、「皇祖発祥の地（天皇家の先祖の地）」といわれる日向の歴史の解明と併せて、史蹟の保護と顕彰および学問の発展への寄与する目的があったことを述べています。この大正時代に行われた西都原古墳群の発掘調査は、日本で初めて行われた本格的な学術調査として、日本考古学史上における画期的な事業となっています。

西都原古墳群の全体像（西都原考古博物館ホームページより）

西都原古墳群の概要

有吉が宮崎県知事としての在職期間中に調査が行われた西都原古墳群は、宮崎県のほぼ中央を東へ向かって流れる一ツ瀬川の中流付近、現在の西都市街地の西側に位置していて、宮崎県の東に広がる日向灘の海岸線からは、13kmほどの距離があります。西都原古墳群は、西都市街地よりも50〜70m高い、「西都原台地」を中心に分布していますが、その範囲は南北4.28km、東西

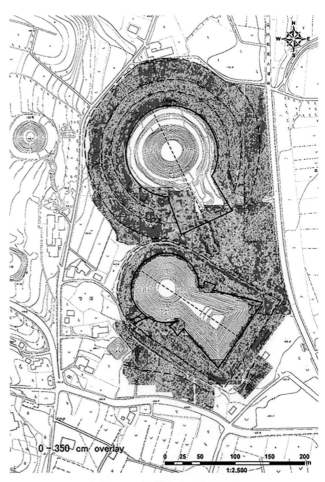

男狭穂塚・女狭穂塚（陵墓参考地）
（西都原考古博物館ホームページより）

2.6kmに及んでいます。

　現在、宮崎県教育委員会が管理している『古墳台帳』に記載されている317基に、陵墓参考地である男狭穂塚と女狭穂塚を加えた319基（前方後円墳31基、方墳2基、円墳286基）が公式な古墳の数となっています。

　西都原古墳群の中で最も規模の大きい古墳である男狭穂塚・女狭穂塚は、ともに全長176mの規模を誇りますが、女狭穂塚は九州で最大の前方後円墳、男狭穂塚は日本で最大級となる帆立貝形の前方後円墳（帆立貝形の前方後円墳とは、前方部の長さが後円部の直径の半分程度の短い形態の前方後円墳のこと）です。

　この２つの古墳は、明治28年（1895）には、宮内庁により陵墓参考地（具体的な被葬者を特定できる資料はないものの、皇族が葬られた可能性がある墓）として管理されており、それ以降は一般の立ち入りは禁止されています。葬られた人については、いろいろな説がありますが、女狭穂塚は仁徳天皇の妃の「髪長媛」、男狭穂塚は「髪長媛」の父の「諸県 君 牛諸井」と考えられています。また、地元の伝承や、陵墓参考地としては、女狭穂塚は「木花開耶姫」、男狭穂塚は「瓊瓊杵尊」のお墓と推定されています。

　古墳群はその後、昭和９年（1934）に史跡に、昭和27年に特別史跡（「学術上の価値が特に高く、我が国文化の象徴たるもの」（文化庁「日本の特別史跡」PDFより））に指定されています。

第１回調査

　第１回目の調査は、東京帝国大学・京都帝国大学・宮内省・帝国博物館の協力のもとに行われました。各機関の調査員は、大正元年（1912）12月20日〜21日にかけて、宮崎県職員の出迎えを受けて、それぞれ細島港より上陸しています。

　調査員一行は、その後、同年12月24日午前８時ごろに馬車で宮崎を出発し、途中佐土原町の島津神社に参拝した後、午前11時30分ごろ妻町（現西都市妻町）に到着しました。妻町に到着した一行は、宿舎の大坂屋にいったん入った後で、午後から西都原古墳群を視察しています。

　有吉知事は午後４時ごろに、県職員とともに妻町に到着しています。

　明けて12月25日より、第１回目の調査が開始されました。

　当日は、都農神社宮司のもと、午前８時より、発掘調査の申告の事を執り行

いました。神事には、有吉以下の各関係者が列席し、この際、有吉は玉串（神さまが宿るとされる榊という木の枝に、紙垂（しめ縄等に垂らす白い紙）や麻を結びつけたもの）を奉納して、調査の安全を祈願しています。

　午前10時30分に、神事が終了するとともに、関係者の写真撮影を行った後に、有吉は作業員として選出された地元三宅の青年43人を斎場に招き、発掘に関しての訓示を行っています。

　一連の神事等が終わった後に、発掘調査が開始されました。

　この記念すべき第1回目の調査は、大正元年（1912）12月25日〜同2年1月6日の期間で、以下の12基の古墳の調査を行っています。

【大正時代に行われた古墳】（番号「○号塚」、現在の古墳の番号とは異なっています。）

　　11号塚（前方後円墳、現在の202号墳、通称「姫塚」）

　　17号塚（円墳、現在の51号墳）

　　21号塚（前方後円墳、現在の72号墳、通称「一本松塚」）

　　21号塚陪塚3号塚（円墳、現在の274号墳）

　　25号塚（円墳、現在の70号墳）

　　26号塚（円墳、現在の71号墳）

　　29号塚（円墳、現在の73号墳）

　　110号塚（円墳、現在の169号墳、通称「飯盛塚」）

　　111号塚（円墳、現在の170号墳、通称「雑掌塚」）

　　112号塚（方墳、現在の171号墳）

　　200号塚（円墳、現在の207号墳）

　　201号塚（円墳、現在の205号墳）

　　※「陪塚」（ばいちょう・ばいづか）とは、ある古墳に従属する形で造られた古墳を意味します。上の「21号塚陪塚3号塚」の

第1回目の調査の際に埋められたとされる石碑。大正元年および有吉の字が読めます
（西都原考古博物館ホームページより）

場合、「21号塚」に従属して造られた3基以上ある古墳の中の1基であること
を意味します。

調査後、調査員一行は宮崎に戻った後に各自帰郷しています。

調査後の1月9日より、調査を行った古墳の復旧工事を行い、その際、埋め
戻された調査坑の内部に、調査内容と調査印名・有吉の名前を刻んだ碑石が
埋め置かれました。そして1月20日には、有吉が出席して、女狭穂塚の前におい
て、古墳復旧の申告祭を行い、第1回目の調査は終了しました。

第2回調査

続いて、第1回調査から3か月後の大正2年（1913）4月1日～11日の期間
で、第2回目の調査が東京帝国大学の鳥居龍蔵のもとで行われました。鳥居
は、朝鮮総督の嘱託として、中国・朝鮮半島での調査を行っており、第1回目
の調査には参加していませんが、有吉が総督府に直接依頼する形で西都原古墳
群の調査を行うこととなりました。鳥居は同年3月16日に朝鮮半島を出発した
後、熊本から上陸し、途中で、三田井村（現在の高千穂町三田井）や延岡の調査等
を行った後、3月31日に妻町に到達しています。

第2回の調査は、11日間という短い期間で、かつ調査員も鳥居一人でした
が、以下の7基の古墳の調査を行っています。

　　1号塚（円墳、現在の115号墳）
　　3号塚（前方後円墳、現在の35号墳）
　　3号塚陪塚（円墳、現在の283号墳）
　22号塚（円墳、現在の57号墳）
　23号塚（前方後円墳、現在の56号墳）
　無号塚（円墳、現在の36号墳）
　無号塚（円墳、現在の22号墳）

第3回調査

第3回目の調査は、2回目の調査から一年以上が経過した、大正3年（1914）
8月27日～9月1日の期間で行われました。3回目の調査は、第1回目と同様
に、京都・東京両帝国大学より派遣された調査員を中心として行われています。

第3回調査では、以下の2基の古墳について調査が行われました。

    4号塚（円墳、現在の84号墳）

    無号塚（円墳、現在の27号墳）

第4回調査

第4回目の調査は、3回目の調査からおよそ一年後の大正4年（1915）7月27日〜8月3日の期間に、京都帝国大学から派遣された調査員のもとで行われました。

第4回調査では、3回目の調査期間と同様に非常に短い期間でしたが、以下の5基の古墳について発掘調査が行われました。

    20号塚（円墳、現在の2号墳）

    55号塚（60号塚陪塚第1）（円墳、現在の160号墳）

    60号塚（円墳、現在の156号墳）

    60号塚陪塚第2（円墳、現在の159号墳）

    66号塚（円墳、現在の152号墳）

第5回調査

第5回目の調査は、大正5年（1916）1月4日〜7日の期間で、京都帝国大学より派遣された調査員のもと行われました。

第5回調査では、以下の1基の古墳について調査が行われました。

    2号塚（前方後円墳、現在の13号墳）

第6回調査

西都原古墳群の大正調査の最後となる第6回目の調査は、京都・東京両帝国大学より派遣された調査員のもと、大正6年（1917）1月4日〜8日の期間で行われました。

第6回調査では、以下の3基の古墳について調査が行われました。

    船塚（前方後円墳、現在の265号墳）

    無号A塚（円墳、現在の80号墳）

    無号B塚（円墳、現在の284号墳）

6回目の調査のおよそ半年後となる大正6年（1917）6月には、第7回目の調査を行うために、宮崎県から京都・東京の両帝国大学に対して、史蹟研究所への職員派遣の依頼が行われています。しかし、東京帝国大学からは派遣の見込みはないという回答があり、京都帝国大学も6回の調査で終了したという認識をもっていいたため、結局、宮崎県が望んだ7回目の調査は実現することはありませんでした。

調査報告書の刊行

　この6回の発掘調査は、大正4年3月に第1回調査の報告書（『宮崎縣兒湯郡西都原古墳調査報告書』）、同6年3月に第6回調査の報告書（『宮崎縣史蹟調査報告』第三冊）、同7年（1918）3月に第4・5回調査の報告書（『宮崎縣西都原古墳調査報告書』）が刊行されています。

　以上のように大正時代には西都原古墳群において6回の発掘調査が行われましたが、このうちの大正4年の第4回調査までが、有吉が宮崎県知事として在職した期間に行われました。6回の調査で30基の古墳が調査されていますが、1〜4回目の調査で合わせて26基が調査されていますので、大正時代の西都原古墳群の調査の大部分が、有吉のもとで行われたことになります。

　そして、有吉は、第4回調査が行われた後の大正4年8月に、神奈川県知事に赴任するため宮崎を去ることとなり、その後の第5回・第6回調査は、有吉の後を引き継いだ14代宮崎県知事堀内秀太郎のもとで行われています。

西都原史蹟研究所の設立

　このほか有吉は、大正3年（1914）には、東京帝国大学の坂口昂、京都帝国大学黒坂勝美の協力を得て、東京・京都の両帝国大学専用的に使用できる学術研究目的の施設として「西都原史蹟研究所」を設立しました。特に第3回調査

大正3年（1914）に建設された史蹟研究所
（徳永孝一『《官》が立った。《民》が動いた』より）

は、この史蹟研究所の開所に合わせるかたちで行われています。

　有吉が設立に関わったこの西都原史蹟研究所は、第6回調査の後も、大正8年 (1919) 度までは「史蹟研究所費」として独立した予算が充当されていましたが、大正9年度以降には「史蹟調査費」に変更されて、その役割を終えることとなりました。研究所自体も、大正9年に下穂北村に無償で貸与され、さらに同12年には無償で払い下げられました。

西都原古墳群の大正調査の成果

　大正時代の西都原古墳群の調査によって、古墳のおよそ1割となる30基の調査が行われました。この調査によって、古墳の内部主体として粘土槨（「槨」は棺の周辺を覆う施設のこと。「粘土槨」は棺の周囲を粘土で覆ったもの）が中心的な主体であり、出土した短甲などの副葬品から、古墳時代中期に造られたものが多いことが明らかとなりました。

　この時点では、調査された古墳の中で、古い時期に遡るものがほとんど確認されなかったことから、発掘調査の目的の一つであった「皇祖発祥の地」の証明は、むしろそれが否定されることとなりました。

　考古学的な調査の成果としては、第1回調査で調査が行われた110・111・112号塚（現在の169・170・171号墳）で、墳丘上への円筒埴輪列の樹立が確認されたことや、県内ではほとんど見つかっていなかった形象埴輪（人物・動物・各種器材などを象った埴輪）が確認されたことは大きな成果でした。そして、現在国の重要文化財に指定されている舟形埴輪や、子持ち家形埴輪も、この大正時代の調査の際に出土しています。

　また、考古学的な古墳の調査成果だけでなく、公の組織である宮崎県が主導して学術的な調査を行ったことも画期的なことでした。加えて、有吉は、西都原古墳群の調査について、県内外の新聞社と提携した報道にも力を入れることで、県民にも広く周知することにより、「皇祖発祥の地」とされる宮崎県民としての意識向上にもつながることとなったと評価されています。

8. 宮崎県の慈母

　以上のように有吉県政は多岐にわたり、積極的な施政方針と実行力、有吉の人柄と県民の信頼の上にたって、宮崎県勢を著しく高め拡大しました。たとえば、産業の振興面でその成果をみると、生産額では就任前の明治43年が約2800万円であったのに対し、３年後の大正２年 (1913) には約4400万円と著しく増加しています。

　大正４年 (1915) ８月、有吉は神奈川県知事に発令され宮崎県を去りました。県知事として在任４年５か月、その積極的な県政は宮崎県飛躍のもとをつくり、県民から「慈母のような」と慕われ、町村の組織化と統一にも成功し、教育・文化面での業績も大なるものがあります。ただ、地方財政の安定をねらった公共・公営事業やその組織化は、県としての独自生を発揮しながらも県債依存という財政面の大きな問題を残したのも事実です。

有吉の積極政策の意義

　日露戦争後の緊縮財政のなかで、宮崎県は財政的に余裕がなく、土木事業費などで賄うことができませんでした。また、たばこ税・酒税など国税の相次ぐ増税は、県税・町村税の滞納を生み出すという悪循環をおこしていました。

　そのような状況の中で、有吉は鉄道建設・港湾改修・開田給水という多額の資金を必要とする事業を、県債を起こして実施しました。財政的に矛盾のある事業を行ううえで、県民に余計な税負担をさせないようにという理由で県債を利用し、理解を求めました。また、有吉は単純に起債をすればよいと考えたわけではなく、起債額をできるだけ抑えようとしていました。そのため、鉄道・港湾事業と開田給水事業について起債する前に、政府に資金の融通を働きかけていました。

　このように直接政府高官と会い資金の融資交渉を行った結果、開田事業についてのみ10万2000円の融資を受けることになりました。

　しかしながら緊縮財政下で、県の歳出 (一般会計決算) が、大正元年 (1912) 度で110万余円という時期に、鉄道港湾費で106万円を起債したのに続き、開田事

業で合計37万余円を起債しています。このような矛盾した政策を実施したのは何故だったのでしょうか。

　宮崎県の産業経済の現状を見て、積極政策により交通網を整備したうえで、それを利用した産業経済の開発を行おうという考えであることがわかります。そして、単発的な開発でなく将来の展望を持った事業同士の関連が重視されています。有吉は、多額の起債を行ってでも、在任中に宮崎県の現状を改善し、将来的に産業開発の現状を改善し、将来的に産業開発の方向づけを行おうとしたと考えられます。

　有吉が政府の融資を積極的に受けようとする姿勢を持ちながら、県債を利用して資金を調達して、開発後に得られる収入から元本と利息を返済することで、県の他の事業に支障がないように、なおかつ県民に増税などを強いることのないように、事業を実施していこうとしたことが明らかになりました。

　有吉の地方政治に対する意識は、県会での発言にあるように、政府の意向に沿うことを基本としながらも、地方の実情に合わせて、必要な事業を積極的に展開していこうというものです。

　特に宮崎県の場合、再置県以来、物理的にも精神的にも中央との距離がある状態が続いており、有吉はそれを改善しようと試みました。全国的に地方改良運動が展開するなかで、宮崎県全体の将来にわたっての産業開発を中心に据えて県政を展開していったのです。

　有吉はここで取り上げた経済的事業以外に宮崎県在任中は教育・文化に関する事業も多く実施しています。また宮崎県から知事として転任した神奈川県では、住民の要請に応じて、政府の反対を押し切る形で「有吉堤」と呼ばれた堤防を完成させています。

　有吉が他県の知事時代に取ったスタンスと宮崎県のそれとを比較し、また県内で実施した他の事業との関係や各事業に対する周囲の反応などを総合的に検討すれば、有吉が各分野で積極的な政策を実施したことの意味が明らかになるでしょう。

宮崎との別れ

　大正４年（1915）８月18日午後、宮崎神宮外苑は前知事有吉忠一の送別会に参

宮崎神宮外苑で開かれた
有吉前知事の送別会
（徳永孝一『《官》が立った。
《民》が動いた』より）

宮崎駅で有吉を見送る人々
（徳永孝一『《官》が立った。
《民》が動いた』より）

加した人たちで混雑を極めていました。その数は開会予定の５時には730名と
多数になっていました。やがて５時半近くになると宮崎県内務部長稲葉健之助
が司会者としてのあいさつのために登壇しました。

　「諸君、開会に先立ちまして一言お詫（はか）りをいたしたいことがあります。有吉
知事閣下が本月12日に神奈川県にご栄転されるにつきまして、明後20日午前６
時45分に宮崎駅を出発され、軽便（けいびん）に乗り換えられて内海（うちうみ）港よりご乗船され海路
赴任（ふにん）される日程になっております。……中略……発起人より私に本日の送別会
の司会者となるよう依頼されましたので、まことに勝手ながらご承諾をお願い

していただきたいと思います」。

　満場の拍手を受け降壇した稲葉健之助の案内で社務所に待機していた有吉忠一が所定の席に着座すると、第2振鈴（鈴を振って鳴らすこと）があり送別会が開催されました。

　朝鮮総督府の総務部長の要職に就いて、わずか1年も経たないうちに宮崎県に転出した理由について詳細は不明ですが、一説には彼が健康上自ら希望したからだともいわれています。脊髄を病む体には北国の寒気はとりわけ厳しいものがあったと想像されます。したがって、温暖な気候である南国宮崎の地を任地として選んだことは考えられないことでもありません。健康を害していることは送別会の謝辞にも見られます。

　有吉は、神奈川県知事に転出するまで4年間本県に在籍し、一世の名長官として今日まで県民から賞賛される業績を残しています。当時宮崎県は、九州の北海道といわれるような陸の孤島で、極めて交通の不便な土地で生産性の低い県でした。こんな土地柄、過去の在任地で逸材の名声が高かった有吉にとっては、まさに腕の振るい甲斐がある県であったともいえます。

　宮崎神宮神苑での有吉の送別会は盛大に行われ、大正4年（1915）8月20日、有吉は宮崎駅と内海駅、それを結ぶ軽便鉄道、修築・整備中の内海港と、自らが手掛け進行中の事業を視察ののち、内海港から海路去っていきました。

年　表

西暦	日本の年号	日本のできごと	宮崎県のできごと
1848	嘉永元年		川越進、5月20日、木原村（現宮崎市清武町）に生まれる
1867	慶応3年	大政奉還	
1868	明治元年	王政復古の大号令 明治維新 戊辰戦争	富高県の設置、その後日田県に合併される
1869	明治2年	版籍奉還	川越進、清武会所（後の宮崎市清武支所）勤務
1871	明治4年	廃藩置県	延岡県等6県が設置され、その後美々津県と都城県が設置される
1872	明治5年	義務教育が始まる	川越進、都城の設置に伴い、第47区、加納村の戸長（村長）に就任
1873	明治6年	太陽暦始まる 明治6年の政変	美々津県、都城県が合併し宮崎県（福山健偉県参事）が誕生し、川越進、職員となる
1876	明治9年		宮崎県は鹿児島県に併合される
1877	明治10年	西南戦争	川越進、県職員を退職して、西南戦争に西郷軍として参加。大分で官軍に投降
1880	明治13年		川越進、鹿児島県会議員となる
1881	明治14年		川越進、県令を通じて、「分県建言書」を元老院に提出 「日向国分県請願書」提出
1883	明治16年		川越進、鹿児島県会議長となる。宮崎県（田辺輝実県令）が再置され、川越、宮崎県会議長となる。
1884	明治17年		川越進、宮崎郡長となり、大宮崎市構想を提案
1885	明治18年	内閣制度始まる	
1889	明治22年	大日本帝国憲法発布 市町村制開始される	
1890	明治23年	第1回衆議院選挙	川越進、衆議院議員となる
1894	明治27年	日清戦争	
1904	明治37年	日露戦争	

1910	明治43年		川越進、東京に転居
1911	明治44年		有吉忠一知事宮崎県知事に就任
1912	大正元年		川越進、政界引退
1914	大正3年		川越進死亡（67歳）
1915	大正4年		有吉知事、宮崎を去り神奈川県知事に就任
1983	昭和58年		宮崎県再置県から100年
2023	令和5年		宮崎県再置県から140年

【参考文献等】

- 『日向市史』
- 『宮崎県史』
- 『清武町史』
- 『都城市史』
- 『宮崎県50年史』松尾宇一
- 『新編　日本の歴代知事』（編集・発行歴代知事編纂会　会長山口哲夫）
- 宮崎県史編さん室主査　籾木郁朗「有吉忠一の事業展開──県会での発言に見る有吉の構想」『宮崎県地方史研究紀要』第25輯、宮崎県立図書館
- 面高哲郎　1997「後章　本県の考古学上の諸問題と展望　四　古墳時代」『宮崎県史』通史編　原始・古代Ⅰ、宮崎県
- 田中　茂　1983「有吉忠一知事と西都原古墳発掘調査」『宮崎県地方史研究紀要』第9輯、宮崎県立図書館
- 宮崎県教育委員会　2015『西都原古墳群総括報告書』
- 籾木郁朗　2016「第7節　西都原古墳群の整備　第二項・第三項」『西都市史』通史編　下巻、西都市
- 坂口　昴・黒板勝美・今西　龍・濱田耕作・関　保之助・柴田常恵　1915『宮崎縣兒湯郡西都原古墳調査報告』、宮崎縣
- 鳥居龍蔵・小川琢治・原田淑人・柴田常恵・内藤虎次郎・今西　龍　1918『宮崎縣史跡調査報告』第三冊、宮崎縣内務部
- 濱田耕作・梅原末治　1917『宮崎縣西都原古墳調査報告書』

- 宮崎県ホームページ
- 都城市ホームページ
- 日向市ホームページ
- 日向市観光協会ホームページ
- 日南市ホームページ
- ＵＭＫテレビ宮崎開局45周年記念
  「ひむかの群像」の「宮崎県の分県独立の功労者 川越進」のＤＶＤ

【協力者】

- 各資料・図書・写真・映像等の使用・許可をいただいた宮崎県をはじめ
  とする行政機関・団体
- 日向市美々津公民館及び
  同館社会教育指導員　黒木幸信　様
- 西都原考古博物館及び
  学芸普及担当　加藤　徹　様
- 都城市高木原土地改良区

おわりに —— 宮崎県の再置県140年に

　令和5（2023）年5月9日は、宮崎県が鹿児島県から分離独立（再置県）して140年になります。

　県庁前庭にある川越進の胸像前で、5月22日に記念式典が行われました。この式典は毎年行われています。

　宮崎県の再置県とは、人間でいえば誕生日です。誕生日は、家族全員でお祝いします。そして、人間は一生を通じて、成人・還暦・喜寿・米寿等と、大きな節目を刻んでいき、そのたびに家族から友人・知人と交流の輪を広げて祝いをしていきます。

　私の前著『宮崎県の農業の恩人』では、小学4年生の社会科の学習で、地域の農業用水路を学んでいることを知り、小学生たちの用水路の見学に同行しました。

　宮崎県誕生の恩人で宮崎県の父と呼ばれた「川越進」や中興の祖で宮崎県の慈母と慕われた「有吉忠一」については、小中学生は、どの学年で学ぶのでしょうか。川越進と有吉忠一、二人の恩人について県民が知り、全員で宮崎県の誕生と成長をお祝いしなければなりません。

　この本においては、前回のものと同じく、難しい用語の資料等をなるべくわかりやすく現代かなづかいにして、小学校の高学年からでも理解できる文章にしようと努めました。

　この本の調査にあっては、さまざまな行政機関・団体や個人の方々のご協力をいただきました。企画名の「イントロデュース宮崎」には、多数の協力者の集まりという意味も込めています。誠にありがとうございました。また、鉱脈社長様をはじめ小崎美和様ほかスタッフの方々のご助言、ご協力に感謝します。

　この図書の発行は、さまざまな方々のご協力によって実現しました。この場を借りまして感謝申し上げます。

　令和5年9月30日

［著者経歴］

緒方　和夫（おがた　かずお）

　　昭和20（1945）年生まれ
　　延岡高等学校、中央大学卒業、宮崎県勤務

宮崎の大人も子どもも知っておきたい

宮崎県の生みの親
父・川越進と母・有吉忠一

2023年10月 3 日 初版印刷
2023年10月12日 初版発行

企　画　イントロデュース宮崎
著　者　緒方　和夫 © Kazuo Ogata 2023
発行者　川口　敦己
発行所　鉱 脈 社
　　　　宮崎市田代町263番地　郵便番号880-8551
　　　　電話0985-25-1758
印　刷
製　本　有限会社 鉱脈社

イントロデュース宮崎シリーズ

英語で楽しむ
宮崎の神話と民話《英文音読CD付》

A5判／並製／84ページ

宮崎は神話と伝説の地。読んで楽しい、聴いて学べる
ふるさとの物語で英語を学ぼう！
［本体1000円＋税］

宮崎の農業の恩人
農業の水を造り守った巨人たち

B5判／並製オールカラー／104ページ

子どもたちに伝えたい水と土の物語。私財を投げうち、
用水路開発に身を捧げた巨人たちのものがたり。
［本体1400円＋税］